Silke-Andrea Mallmann

Manchmal muss ich mich suchen gehen

www.herder.de

Gesamtgestaltung und Satz: Gestaltungssaal, Rohrdorf

Umschlagmotiv: © Andry Djumantara/iStock.com; © ArtKio/shutterstock.com
Innenvignetten: © AlexxAn/shutterstock.com, anna_ku/shutterstock.com, Artskrin/shutterstock.com, Askhat Gilyakhov/shutterstock.com, Beststock Productions/shutterstock.com, budi priyanto/iStock.com, Derplan13/shutterstock.com, DODOMO/shutterstock.com, Drypsiak/iStock.com, Erekle Kiparoidze/shutterstock.com, Haali/shutterstock.com, Ithile/shutterstock.com, juliawhite/iStock.com, juliawhite/shutterstock.com, JustArtNina/shutterstock.com, Keya/shutterstock.com, Lakuku Vector/shutterstock.com, L.V.L. Graphic/shutterstock.com, madebyDSN/shutterstock.com, MicroOne/shutterstock.com, Mikhail Gnatuyk/shutterstock.com, MonikaJ/shutterstock.com, NadzeyaShanchuk/shutterstock.com, nasharaga/shutterstock.com, NikVector/shutterstock.com, oksanashu/shutterstock.com, OlekStock/shutterstock.com, Olga Rai/shutterstock.com, Olga_TG/shutterstock.com, Olga Ubirailo/iStock.com, Retany/shutterstock.com, Sahs/shutterstock.com, Samui/shutterstock.com, Sell Vector/shutterstock.com, Simple Line/shutterstock.com, sumkinn/shutterstock.com, tetiana_u/shutterstock.com, To-be Continuud/iStock.com, Tyas drawing/iStock.com, Valenty/shutterstock.com, vionaembun42/shutterstock.com, Yanina Nosova/shutterstock.com, ZhAnStudio/shutterstock.com

Herstellung: Graspo, Zlín

Gedruckt auf umweltfreundlichem, chlorfrei gebleichtem Papier
Printed in the Czech Republic

ISBN 978-3-451-03449-7

Quellenhinweis:

Martin Buber: Versteckspiel. In ders.: Die Erzählungen der Chassidim. © 1949 Manesse Verlag, Zürich, in der Penguin Random House Verlagsgruppe, München

Hilde Domin: „Es knospt." In dies.: Sämtliche Gedichte. Herausgegeben von Nikola Herweg und Melanie Reinhold. © 2009 S. Fischer Verlag, Frankfurt am Main

Klaus Hemmerle: Der Preis deiner Liebe bist du selbst. Freiheit – Bindung – Treue. Münster 1983

Silke-Andrea Mallmann: Fülle des Lebens. Gedanken und Bilder zur Auferstehung. Eigenverlag 2023

Hanni Neubauer: Manchmal muss ich mich suchen gehen. In dies.: Religionspädagogische Praxis 1981/3, S. 2. © RPA-Verlag, Landshut

Wilhelm Willms: „Wirst du für mich ..." In ders.: meine schritte kreisen um die mitte. neues lied im alten land. © 1984 Verlag Butzon & Bercker, Kevelaer

AΩ DIE BIBEL

Silke-Andrea Mallmann

MANCHMAL MUSS ICH MICH SUCHEN GEHEN

47 Alltagsimpulse für mehr Achtsamkeit

HERDER

FREIBURG · BASEL · WIEN

Inhalt

Vorwort

Es gibt Tage, da muss ich mich wirklich suchen gehen! Nein, ich weiß schon noch, *wo* ich bin … aber weiß ich auch immer, *wer* ich bin? Manche Tage sind so angefüllt mit Tätigkeiten, Einflüssen, Begegnungen, Erwartungen und Anforderungen, dass ich abends ins Bett falle und mich wundere, wo ich den ganzen Tag über „geblieben" bin. Ich meine nicht meinen Körper, sondern meinen Geist und meine Seele. Manchmal habe ich dann das Gefühl, sie sind noch gar nicht bei mir angekommen, und mitunter fürchte ich, dass sie auf der Strecke bleiben.

Wer bin ich eigentlich, was macht mich aus? Für mich zählt bei der Beantwortung dieser Frage nicht allein die Einheit von Körper, Seele und Geist, sondern vor allen Dingen auch, inwieweit es mir gelingt, immer mehr die Person zu werden, die Gott, als er mich schuf, gemeint hat. Mit Gott in Verbindung zu bleiben, ist im Alltag aber oft ganz schön schwer.

Um mir dieses In-Verbindung-Bleiben zu erleichtern, habe ich mir angewöhnt, alltägliche Gegenstände, die man meist wie selbstverständlich benutzt, einmal gezielt zu betrachten – auf ihre besondere Bedeutung für mein Leben mit Gott hin. Diese paar Sekunden, in denen ich den betreffenden Alltagsgegenstand in der Hand halte, zu nehmen, um in der Betriebsamkeit meines Lebens eine kleine „Achtsamkeitspause" einzulegen, eine Pause, in der ich bewusster in Kontakt trete mit meinen dazugehörigen Gefühlen und Gedanken und mich so der Gegenwart Gottes zu versichern. Sieben konkrete Gegenstände – einer für jeden Tag der Woche – helfen mir dabei: Tasse, Löffel, Brille, Schlüssel, Knoten, Bleistift und Streichholz.

Ausprobiert habe ich die so entstandenen Meditationen ursprünglich in den besinnlichen Tagen der Fastenzeit. Ausgelegt ist die Menge der Texte daher auf die Anzahl der Tage zwischen Aschermittwoch und Ostersonntag. Sie können die 47 Inspirationen dieses Buches aber auch vollkommen unabhängig von der kalendarisch festgelegten Fastenzeit verwenden.

Vielleicht haben Sie ja Lust, Ihren Alltag anhand der ausgewählten Gegenstände ein wenig achtsamer zu gestalten. Womöglich lösen meine Gedanken bei Ihnen sogar den Impuls aus, selbst auf Entdeckungsreise zu gehen und die für Sie wichtigsten Alltagsbegleiter einmal bewusst in den Blick zu nehmen.

Ich wünsche Ihnen viel Spaß beim „Sich-suchen-Gehen".

Sr. Silke-Andrea Mallmann

1 Schöpfer aller Dinge

Mein Großvater nannte ihn, in Anlehnung an ein Lied aus dem Gotteslob, den „Schöpfer aller Dinge“ – den großen Schöpflöffel, mit dem meine Mutter, als ich noch klein war, das Essen auf meinen Teller schöpfte.

Im Speisesaal des Klosters, im sogenannten Refektorium, kommt die Suppe in großen Töpfen auf die Tische. Darin jeweils der Schöpflöffel. Der Suppentopf wird weitergereicht von Schwester zu Schwester. Jede Schwester darf selbst schöpfen, soviel sie möchte. Doch es gibt dabei ein kleines, unauffälliges und doch so bedeutsames Ritual: Wenn der Topf weitergegeben wird, richtet man den Schöpflöffel zur Nachbarin aus. Wenn also der Suppentopf zu mir kommt, schiebt die Schwester, die vor mir geschöpft hat, den Löffelstiel zu mir. Das geschieht beiläufig, ganz automatisch, so eingeübt sind wir. Und doch sagt sie mir mit dieser kleinen Geste: „Nimm! Für dich!“

Sie stellt den Topf nicht einfach vor mich hin. Sie lädt mich ein: „Nimm. Schöpf!“

Das tägliche Ritual mit dem Suppenlöffel, die Einladung der Mitschwester, macht mir immer wieder bewusst, wie beschenkt wir doch eigentlich sind.

Genug zum Essen zu haben, ist nicht selbstverständlich.

Genauso wenig wie das Geschenk meines Lebens. Leben zu dürfen, geliebt zu sein, angenommen zu werden, eingeladen zu sein ... all dies ist ein Geschenk.

Die Mitschwester, die mir den Löffel zuschiebt, erinnert mich an dieses Beschenktsein und verweist mich auf den eigentlichen Geber, auf den wirklichen „Schöpfer aller Dinge" – auf den, der mich Tag für Tag ins Leben ruft, der mir Atem schenkt, Begegnung, Leid und Freude.

Und der mir jeden Tag den Löffel zuschiebt: „Da, nimm. Leben für dich."

Wann habe ich heute mein Leben als Geschenk wahrgenommen? Womit bin ich heute beschenkt worden?

2 Mein Code

Spät am Abend erreiche ich mein Ziel. Ich stelle das Auto ab, hebe meine Reisetasche aus dem Kofferraum und ziehe sie durch den Schneematsch bis vor den Eingang des Bildungshauses, in dem ich heute schlafen werde. Die Tür ist bereits verschlossen, es leuchtet ein Nachtlicht. Daneben befindet sich ein Safe. Wenn alles gut geht, sollte hier ein Haustürschlüssel für mich hinterlegt sein. Irgendwie traue ich diesem System nie so ganz. Immer bleibt ein bisschen Angst. Hoffentlich klappt das jetzt. Hoffentlich hat niemand vergessen, dass ich komme. Was mache ich, wenn der Schlüssel nicht hinterlegt ist …?

Die Dame von der Rezeption hat mir zuvor einen Code für den Safe zukommen lassen – eine Kombination aus Zahlen und Buchstaben, die nur ich kenne. Zögernd tippe ich sie ein – und atme erleichtert auf. Der Safe öffnet sich, und vor mir liegt mein Schlüssel. Ich schließe auf, finde mein Zimmer, auf dem Schreibtisch eine Postkarte mit einem Willkommensgruß: „Wir freuen uns, dass Sie da sind."

Ich bin immer froh, wenn die Technik funktioniert – und dabei erinnert mich der Code auch an eine ganz andere Wirklichkeit. Ich habe neben dem mir eigenen Safe-Code auch einen einzigartigen genetischen Code. So wie ich ist, war und wird niemand mehr. Dieser Code ist weit mehr als eine Mischung aus den biologischen Codes meiner Eltern. Es ist die Zusage Gottes an mich: „Ich habe dich in meine Hand geschrieben, du bist mein." *(Jesaja 49,16)* Wenn ich mir diesen Code, diese Zusage, diesen einmaligen Satz Gottes für mich doch öfter ins Gedächtnis rufen würde: die Gewissheit, dass ich eingeschrieben bin in Gottes Hand, dass ich mich täglich neu aus seiner Hand empfange!

Wenn ich im Wissen um diesen Code ganz bewusst lebe, dann werden mir auch immer wieder die „Schlüssel" geschenkt, mit denen ich auch schwierige Situationen im Leben lösen kann. Und ich werde mit weniger Angst mir unbekannte Räume erschließen und vielleicht auch darin die Notiz finden: „Es ist gut, dass du da bist!"

Bin ich mir Gottes Zusage bewusst?

3 Cool oder wesentlich

In der Zeit von Computern, Laptops, iPhones und dergleichen bleibt er oft liegen. Bei Schülern gilt er als uncool – er ist scheinbar nicht „technisch" genug. Bei mir steht einer im Glas auf dem Schreibtisch, manchmal krame ich auch einen aus den Tiefen meiner Handtasche, und gelegentlich entdecke ich ein Stummel-Exemplar beim Ausleeren meiner Jackentaschen. Gemeint ist: der gute alte Bleistift.

Viele meiner Mitschwestern tragen einen Bleistift und ein paar kleine Notizzettel oder sogar ein kleines Notizbüchlein bei sich. Im hektischen Arbeitsalltag erweisen sich diese Schreibsachen als äußerst hilfreiche Begleiter. Sie dienen nicht nur dazu, sich schnell etwas zu notieren, nach dem Motto „Sr. Teresa noch anrufen!" oder „Waschmaschine nicht vergessen" oder „Sr. Berta 14.43 Uhr Bahnhof" – nein, sie benutzen das Heftchen gleich in der Früh direkt nach der morgendlichen Meditation. Ein Wort, ein Satz, ein Gedanke, der ihnen in der Betrachtung wichtig geworden ist, wird aufgeschrieben und mit dem Notizbuch in der Rocktasche verstaut. Tagsüber, in den Warteminuten des Alltags, während der Kaffee durch die Maschine läuft oder sie beim Zahnarzt sitzen oder mal eine ruhige Minute haben, ziehen sie das Notizheftchen hervor, lesen diesen Gedanken und verbinden sich so für einen Moment wieder mit dem, was ihnen im Leben wirklich wichtig ist.

Oft fragen mich Menschen: „Wie kann ich im Alltag mit Gott in Verbindung bleiben?" Der kleine Bleistift, das kleine Notizbuch meiner Mitschwestern sind für mich eine Methode, mir der Gegenwart Gottes und der Bedeutung dessen, was mir wirklich wichtig ist, immer wieder bewusst zu werden.

Gewiss, es braucht wieder ein bisschen Einübung, in den Wartemomenten des Lebens nicht einfach das Handy aus der Tasche zu ziehen, um sich zu zerstreuen. Notizbuch und Bleistift sind weniger cool – aber vielleicht viel wesentlicher.

4 Tragetuch

Es sind zwei, drei Handgriffe. Sie beugt sich vornüber, das Kind auf ihrem Rücken hält die Balance, dann einmal gut festziehen und fertig ist er, der Knoten im farbigen Tragetuch, das in jedem afrikanischen Land anders heißt und mit dem sich die große Schwester die kleine gekonnt auf den Rücken bindet. Das Baby schaukelt vertrauensvoll auf dem Rücken – gehalten von einem einzigen Knoten. Dies fasziniert mich immer wieder neu.

Einen Knoten zu binden, das haben wir als Kinder erst mühsam lernen müssen, heute machen wir ihn routiniert, gleichsam automatisch. Knoten haben unterschiedliche Funktionen, doch meistens dienen sie dazu, etwas zu verbinden, etwas zusammenzuhalten, etwas zu fixieren.

Knoten geben Halt und Sicherheit – sei es dem Kind auf dem Rücken oder einem Bergsteiger am Seil. Da, wo ich mich festmache, da bin ich gehalten.

Das bringt mich auch immer wieder zu der Frage, die so wichtig ist für mein Leben: Woran mache ich mein Leben fest? Wo setze ich den Knoten? Wer hält mich? Traue ich ihm und kann ich in diesem Vertrauen sorgenlos meine Füße baumeln lassen?

Und: Wen trage ich? Wen binde ich mit meinem Knoten an mich und mein Leben? In der Gewissheit, dass mir dies nicht zur Last wird. Überlegen Sie doch selbst einmal …

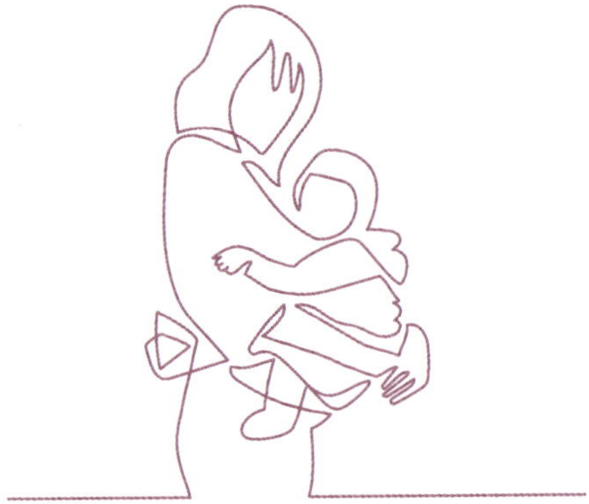

5 Einladung ins Café

Hier, am Ort meines Klosters in Wernberg in Österreich, hat es im letzten Winter stark geschneit. Für die Kinder ein Grund zum Jubeln: Endlich wieder Schlitten fahren, die Skier anschnallen und die Pisten hinabsausen oder Schneebälle werfen. Einer der schönen Momente, die ich aus meiner Kindheit mit Schnee verbinde, war das Gefühl, nach dem Ski- oder Schlittenfahren, nach Schneemannbauen und Eislaufen ins Haus zurückzukehren und mir die Hände an einer Tasse Kakao zu wärmen. Auch heute noch halte ich die Tasse am liebsten nicht am Henkel, sondern in beiden Händen. Morgens in der Früh erinnert mich manchmal der erste Schluck Kaffee an diesen Kindheitsmoment: der warme Kaffee, der durch den Körper strömt, die Tasse, die meine Hände wärmt, und das Gefühl: Jetzt werde ich langsam wieder lebendig, die Lebensgeister fließen in mich ein.

In einer biblischen Geschichte geht es um die Versuchung Jesu in der Wüste. Der Teufel macht Jesus drei Angebote: Reichtum, Macht und Herrschaft, aber Jesus lehnt ab. Die Werte des Lebens sind für ihn andere.

Wenn ich die Tasse in meinen Händen als Symbol für mein Leben nehme, dann kann ich mich fragen: Woraus lebe ich? Was nährt mich? Womit fülle ich die Tasse meines Lebens? Mit welchen Gedanken, Gefühlen, Beschäftigungen und Begegnungen? Was ist es, das mir wirklich Leben gibt, mich durchströmt, wärmt, erfüllt?

Trinken Sie Ihren Kaffee, Ihren Tee oder Kakao doch einmal ganz langsam, ganz bewusst, und stellen Sie sich dabei vor, dass die Liebe Gottes Sie genauso durchströmt wie das warme Getränk. Sie sind täglich eingeladen in dieses göttliche Café und dürfen Gott die Tasse Ihres Lebens hinhalten.

6 Kochkünste

Als ich auf die zwei Häuser aus sonnengebrannten Ziegelsteinen zugehe, sehe ich die Kindergruppe im Sand auf dem Boden sitzen. Die Kinder gehören zu Angelina, einer Frau in Angola, die 18 Waisenkinder bei sich aufgenommen hat. Die Gruppe nimmt mich kaum wahr, so vertieft sind die Kleinen in ihr Spiel. Beim näheren Hinschauen stockt mir fast der Atem. Da kauern drei Kinder im Alter von zwei bis vier Jahren um eine kleine Feuerstelle aus glühenden Kohlen, auf der sie in einer alten Würstchendose eine Mischung aus Sand und Wasser kochen. Die Zündhölzer liegen zwischen ihnen, weit und breit ist kein Erwachsener zu sehen. Ich will gerade erschrocken eingreifen, da beugt sich eine Dreijährige fachmännisch über die Kohlen und bläst gekonnt in die Glut, um sie neu zu entflammen. Mir wird bewusst, die Kleine macht das nicht zum ersten Mal.

Auch wenn sie gerade das Feuer nur zum Spiel entzündet, zeigt die Art und Weise, wie sie es tut, dass das Feuermachen für sie eine notwendige Routine ist, die sie früh lernen musste.

Wieder einmal bin ich beeindruckt von der Überlebensfähigkeit mancher afrikanischen Kinder, die schon früh auf sich allein gestellt sind.

Durch den Atem des Mädchens erwacht die Glut unter der Würstchendose zu neuem Leben, die Flamme schlägt empor, der Sand kann weitergekocht werden.

Die Kleine und ihre Freunde haben bei Angelina wieder einen sicheren Platz gefunden, auch sie können wieder aufleben, für sie wird Sorge getragen.

Beim Aufleuchten der Flamme frage ich mich:

Welche Aspekte in meinem Leben tragen noch eine verborgene Glut in sich und möchten neu entfacht werden?
Welche Aspekte meines Lebens möchte ich Gott hinhalten, dass er sie mit dem Atem seines Geistes belebt?

7 Rezeptgebührenfrei

Die Konturen fingen an zu verschwimmen.

Anfangs kniff ich beim Lesen einfach die Augen zusammen und hielt das Buch weiter von mir weg. Ich versuchte es mit mehr Licht. Irgendwann wurden mir dann beinahe die Arme zu kurz. „Du brauchst eine Brille", empfahl mir jemand. „Ich denk nicht dran", sagte ich und jonglierte tapfer weiterhin mit Licht und Distanz, aber irgendwann begannen meine Augen zu tränen. Es wurde anstrengend.

Also machte ich mich auf zum Augenarzt, der mich mit einem Rezept und der Diagnose „altersbedingte Sehschwäche" beglückte.

Mit der neuen Lesebrille konnte ich die Verordnung dann messerscharf lesen und der neuen Realität sprichwörtlich in die Augen blicken. Es dauerte einige Zeit, mich mit der Brille anzufreunden. Ich brauche sie auch nicht immer, aber doch immer öfter. Ich merke, das Kleingedruckte erscheint wieder größer, Verschwommenes gewinnt an Klarheit. Oft merke ich nicht einmal mehr, dass ich eine Brille auf der Nase habe.

Mit meinem Glauben und dem Gebet geht es mir manchmal wie mit meiner Brille. Wie oft begegne ich im Alltag schwierigen, traurigen, ja scheinbar aussichtslosen Situationen. Oft fühle ich mich hilflos, kann nicht klar sehen, die Zusammenhänge verschwimmen. Ich versuche, das Problem von allen Seiten – von nah und fern – zu betrachten, doch es löst sich nicht. Ich versuche darüber zu schlafen, aber auch der Wechsel von Licht und Dunkel hilft mir nicht.

Wenn ich die Situation mit ins Gebet nehme, sie in Gottes Gegenwart halte, sie versuche, mit Gottes Augen zu sehen, ändert sich manchmal etwas. Oft klären sich dann Gefühle und Gedanken, oft erfahre ich Trost und erkenne meinen Anteil an der Lage.

Das Gebet ist wie eine Brille, es schärft meine inneren Augen, es sensibilisiert mich für andere Menschen und für eine Wirklichkeit, die alles Menschliche übersteigt. Das Sehen mit der Brille des Gebets braucht wie das Sehen mit einer neuen Brille ein wenig Übung. Aber irgendwann wird es zur Gewohnheit. Und das Gute daran: Dieses Rezept ist gebührenfrei und vom Alter unabhängig einlösbar!

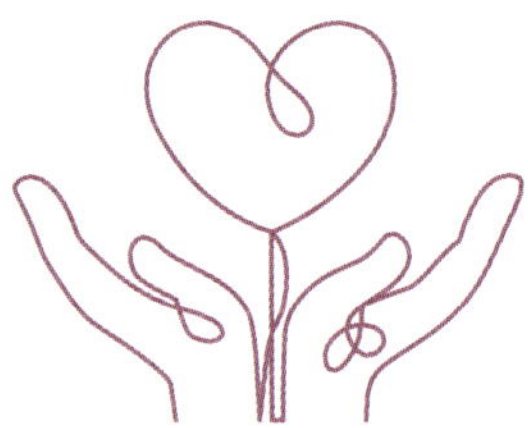

8 Topfschlagen

In meiner Kindheit gab es ein beliebtes Spiel, das auf keinem Kindergeburtstag fehlen durfte: Topfschlagen. Bewaffnet mit einem Kochlöffel und mit verbundenen Augen musste man auf dem Boden herumkrabbeln und diesen so lange mit dem Kochlöffel abklopfen, bis man laut hörbar auf einen Kochtopf schlug, unter dem dann ein kleines Geschenk verborgen war. Wohlgemeinte Zurufe, inwiefern man sich auf der richtigen Spur befand – von „Eiskalt!" über „Lauwarm!" bis „Heiß!" – erleichterten die Suche, wusste man ja, dass man beim letztgenannten Gradmesser dem Topf und somit der wohlverdienten Belohnung ganz nahe war.

Dass dieses Spiel nicht erst bei Kindergeburtstagen in den 1970er-Jahren ein Renner war, beweist ein Gemälde von Pietro Longhi aus dem Jahr 1744. Es zeigt, dass Topfschlagen damals auch unter Erwachsenen sehr beliebt war.

Offenbar macht es uns Menschen Spaß, mit verbundenen Augen in der Gegend herumzutasten, um einen Schatz, ein Geschenk, eine Süßigkeit zu finden.

Es gibt Momente in meinem Glaubensleben, da komme ich mir vor wie beim Topfschlagen. Ich habe das Gefühl, Gott hält sich vor mir verborgen. Ich spüre seine Gegenwart nicht, mein Gebet führt mich nicht auf seine Fährte. Anfangs bin ich noch ein begeisterter Topfschläger, aber dann verliere ich den Mut und gebe den „Löffel aus der Hand". Dabei müsste ich doch gerade jetzt meinen Alltag, die täglichen Begebenheiten ein wenig besser „abklopfen". Denn oft verbirgt sich Gott gerade im Gewöhnlichen, und ich suche einfach an der falschen Stelle oder ich bin zu bequem oder zu müde zum Suchen. Und dabei sehnt sich Gott doch danach, von mir gesucht und gefunden zu werden! Eine weise chassidische Geschichte, erzählt von Martin Buber, beschreibt genau dies:

Rabbi Baruchs Enkel, der Knabe Jechiel, spielte einst mit einem andern Knaben Verstecken. Er verbarg sich gut und wartete, dass ihn sein Gefährte suche. Als er lange gewartet hatte, kam er aus dem Versteck, aber der andere war nirgends zu sehen. Nun merkte Jechiel, dass jener ihn von Anfang an nicht gesucht hatte. Darüber musste er weinen, kam in die Stube seines Großvaters gelaufen und beklagte sich über den bösen Spielgenossen. Da flossen Rabbi Baruch die Augen über, und er sagte: „So spricht Gott auch: ‚Ich verberge mich, aber keiner will mich suchen.'"

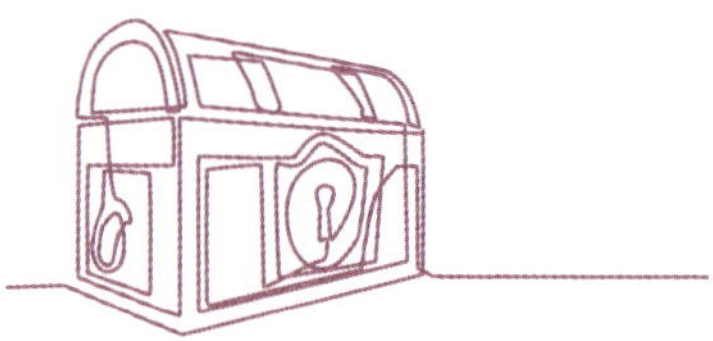

9 Herzensangelegenheiten

Am Schlüsselbund meiner Kollegin baumelt ein Engel, der ein großes Herz in Händen hält. Da es sich bei der Kollegin um einen Menschen mit einem großen Herzen handelt, passt der Schlüsselbund hervorragend zu ihr. Sie arbeitet mit Menschen, denen das Schicksal übel mitgespielt hat, die verarmt, vereinsamt, verlassen sind. Als Sozialarbeiterin kennt sie sich aus, hat ein offenes Ohr. Vor allen Dingen aber besitzt meine Kollegin die Fähigkeit, den Hilfe suchenden Menschen einen Raum zu erschließen, in dem sie sich aufgehoben, verstanden, geborgen wissen – einen Raum voll Vertrauen, einen Raum für die Not, die Angst und die Trauer.

Der Schlüssel zu diesem Raum heißt Vertrauen. Dort, wo ein Mensch Vertrauen erfährt, lernt er, selbst zu vertrauen. Dort, wo ein Mensch Vertrauen schöpft, kann er sich öffnen, wachsen, zum Leben erwachen.

Meine Kollegin und ihr Engel erinnern mich immer wieder an diese Grundaufgabe unseres Menschseins: Vertrauen zu schenken, Vertrauen zu schaffen und Vertrauen zu empfangen. Dort, wo der Schlüssel des Vertrauens Menschen einen Raum schafft, da wächst das Reich Gottes unter uns, da ist Gott gegenwärtig. Poetisch fragt der Priester und Dichter Wilhelm Willms:

welcher engel wird uns sagen
dass das leben weitergeht
welcher engel wird wohl kommen
der den stein vom grabe hebt

wirst du für mich
werd ich für dich
der engel sein

welcher engel wird uns zeigen
wie das leben zu bestehn
welcher engel schenkt uns augen
die im keim die frucht schon sehn

wirst du für mich
werd ich für dich
der engel sein

welcher engel öffnet ohren
die geheimnisse verstehn
welcher engel leiht uns flügel
unsern himmel einzusehn

wirst du für mich
werd ich für dich
der engel sein

10 Schmetterlinge

Gestern beobachtete ich eine Auseinandersetzung zwischen zwei Grundschulkindern und ihrer Lehrerin. Auslöser des Konflikts war ein ganz gewöhnlicher Bleistift, der jedoch außen mit Schmetterlingsmotiven bedruckt war. Diese Schmetterlinge waren es, die den Bleistift besonders attraktiv machten. „Das ist meiner!", behauptete das eine Kind. „Nein, das stimmt nicht!", erwiderte das andere. Die Lehrerin war bereits leicht genervt. „Jetzt nimmt einer von euch halt irgendeinen anderen, das Wichtigste ist doch, dass er schreibt!", entfuhr es ihr. „Aber der mit den Schmetterlingen ist besser!", beteuerten beide Kinder gleichzeitig.

Bleistifte gibt es in allen denkbaren Ausstattungen: bunt lackiert oder im Naturholzlook, dick oder dünn, mit runder oder ovaler Mine.

Gerade die in seinem Innern verborgene Mine macht den Bleistift aus. Ihrem speziellen Härtegrad messen wir – wenn wir nicht gerade Zeichner sind – allgemein eher wenig Bedeutung zu. Hauptsache ist doch, dass ein Bleistift schreibt!

Kinder, die sich über ihren Lieblingsbleistift streiten, hat es schon immer gegeben. Die äußere Gestaltung kann eben sehr anziehend sein. Und wir werden von klein auf oft unbewusst daraufhin erzogen, dass die Hülle, die Außenwirkung wichtig ist. Oft verpassen wir deshalb das „Innen", den Kern, das, was wirklich wesentlich ist. Wie oft bewerte ich jemanden nach seiner äußeren Erscheinung? Oder nach der Art und Weise, wie er sich kleidet, frisiert, welches Auto er fährt, wie groß sein Haus, wie neu sein Handy ist. Natürlich weiß ich, dass ich das nicht tun sollte, und versuche gegenzusteuern, doch wenn ich ehrlich bin, passiert es mir doch unbewusst immer wieder. Irgendwie lebt scheinbar in mir noch das Kind, das zwar weiß, dass nicht das Design den Bleistift macht, und dennoch glaubt, der mit den Schmetterlingen schreibe besser!

Das Wesentliche am Bleistift ist sein Inneres. Das Wesentliche am Menschen auch.

Die Fastenzeit bietet uns die Chance, unsere Augen zu schulen und unseren Blick wieder in die Tiefe, auf den Kern zu richten. Dies wird unser Bewusstsein weiten, und wir werden selbst wieder wesentlich werden.

Ich möchte Sie dazu ermuntern, wenn Sie das nächste Mal einen Bleistift zur Hand nehmen, für eine Minute innezuhalten und in sich hineinzuspüren. Was ist der verborgene Kern, das Innerste, aus dem heraus Sie leben?

11 Gut verknüpft

Es war nicht geplant. Eigentlich sollte es nur ein kurzer Vortragsabend für ein paar Firmlinge werden. „Warum lohnt sich Glauben heute noch? Gottes Traum für mein Leben", lautete das Thema. Gegen 19.30 Uhr, so war es geplant, wäre unsere Veranstaltung im Jugendhaus zu Ende, und eine halbe Stunde später würde ich schon wieder daheim sein. Diese Aussicht stimmte mich froh, denn große Lust auf diese Arbeit hatte ich ehrlicherweise nicht. Stattdessen freute ich mich auf den freien Abend. Von daher hielten wir uns an den Zeitplan. Um 19.30 Uhr waren wir wirklich fertig, die Firmlinge verließen das Jugendzentrum, zurück blieben die Firmbegleiter aus verschiedenen Pfarreien, der Pastoralassistent, der Pfarrer und ich. Da lud der Pastoralassistent überraschend zu einem improvisierten Abendessen ein, es wäre irgendwo im Kühlschrank noch Brot und Käse. Jeder aus der Runde lehnte dankend ab, denn eigentlich wollten alle nach Hause, und doch setzte keiner einen Fuß vor die Tür. Erst standen wir noch zusammen und landeten dann doch auf den Sofas des Jugendzentrums, um uns herum Spielesammlungen, ein Billardtisch, eine Theke und ein paar halb vertrocknete Pflanzen. Am Ende wurde doch Brot und Käse auf den Tisch gestellt. Vielleicht waren es die Räumlichkeiten, die uns in unsere Jugend zurückversetzten und uns dazu bewegten, darüber nachzudenken, wie wir als junge Erwachsene Kirche erlebt hatten. Wie wir als junge Erwachsene anfingen, mit dem Glauben zu ringen, wie wir als junge Erwachsene begannen, Gottes Traum für unser Leben zu suchen. Was war aus diesem Traum geworden? Wo sind wir zwanzig, dreißig Jahre später gelandet? Was bedeutete Gottes Traum für uns heute? Und obwohl wir uns kaum oder gar nicht kannten, unterhielten wir uns lebhaft über unsere verlorenen und erfüllten Träume, über die Veränderungen in unserer Art zu glauben, zu beten. Wir erzählten uns von den Erfahrungen mit Gott als dem Gegenwärtigen und dem Abwesenden, von unserer Suche nach ihm und von dem Gefühl, doch oft so weit von ihm entfernt zu sein ... Nach 22 Uhr schaute jemand erstaunt auf die Uhr – noch immer wollte niemand aufstehen. Das Sofa sei dermaßen bequem, lautete der Vorwand. In Wirklichkeit wusste jeder von uns, dass uns soeben etwas Wunderbares geschenkt worden war: die Erfahrung dessen, was Kirche wirklich ist: ein Netzwerk des Glaubens. Ein Netz, in das jeder einen Knoten knüpft, indem er seine eigenen Erfahrungen mit Gott und seinen Glauben einbringt. Mit jedem Knoten verstärkt sich das Netz, das Gefüge, der Zusammenhalt. In einer Zeit, in der alle von Vernetzung und Social Networking sprechen, wurden wir uns des größten und ersten weltweiten Netzes wieder bewusst: unser Glauben, unser gemeinsames Suchen, Ringen, Zweifeln, Lieben und Träumen. Gottes Traum für das je eigene Leben hatte uns zusammengeknotet. Wir hatten neu erfahren, was es heißt, Kirche zu sein. Wir waren spürbar Gott begegnet an diesem Abend, auf dem alten durchgesessenen Sofa in einem Jugendzentrum irgendwo in Kärnten.

Was bedeutet Gottes Traum für mein Leben?
Wo setze ich meinen Knoten im Netzwerk des Glaubens?

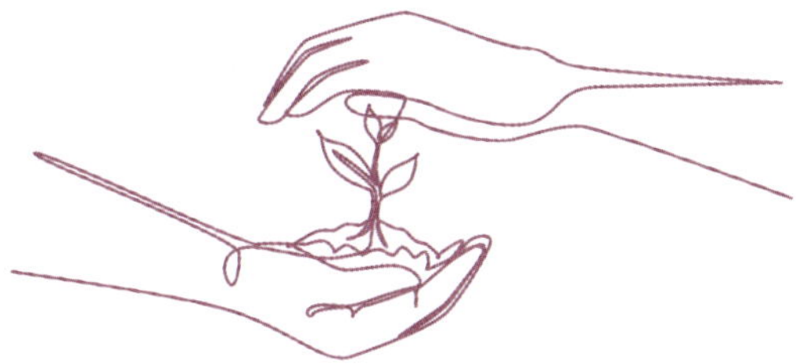

12 Geschmack des Lebens

Man nehme zwei Tassen Mehl, eine halbe Tasse Zucker, ein Stück Butter, soundso viele Eier … Wir alle kennen diese Schnellrezepte, bei denen es keine Waage braucht und man eigentlich nicht viel falsch machen kann. Im Rezept heißt es: „Tasse". Aber genau da fängt das Problem an: Während ich dabei an eine kleine Kaffeetasse denke, stellt sich manch anderer darunter einen großen Kaffeebecher vor, der den doppelten Inhalt fasst. Maße, die nicht geeicht sind, sind immer subjektiv.

Das richtige Maß zu finden, ist eine große Herausforderung für alle Bereiche des Lebens, und gerade die Fastenzeit wäre ein Anlass, unser Leben wieder aufs richtige Maß einzupendeln, die Balance zu finden zwischen „zu viel" und „zu wenig". Das heißt aber, dass ich mein Leben liebevoll-kritisch in den Blick nehmen muss und da, wo ich übertreibe, zurück zur Mitte finde, zu dem, was mir Sinn und Erfüllung gibt. Diese schonungslose Betrachtung ist nicht immer angenehm. Manchmal braucht es Überwindung. „Es läuft doch alles gut", reden wir uns ein. Wenn wir aber ehrlich sind, merken wir oft, dass wir „saft- und kraftlos" werden, dass unsere Begeisterung schwindet, dass wir wie im Hamsterrad dahinrennen. Wir sind aus dem Lot, aus unserer Mitte geraten.

Irgendetwas ist zu viel, anderes kommt zu kurz. Unser Leben will uns nicht mehr so recht schmecken.

Genauso wenig wie der Kuchen, wenn ich bei der Zubereitung zu viel oder zu wenig Zucker erwischt oder bei der Menge an Mehl danebengegriffen habe. Essen kann man diesen Kuchen dann zwar immer noch, aber wirklich genießen kann man ihn nicht.

Um richtig guten Kuchen zu backen, um zur Fülle des Lebens zu gelangen, braucht es das „rechte Maß". Das heißt, dass ich dafür vielleicht manches Liebgewonnene loslassen und von anderen Zutaten wiederum mehr hinzufügen muss. Auf die richtige Mischung kommt es an. Dann erhält mein Leben die richtige Würze, die richtige Bindung, Konsistenz und Spannung. Dann können ich und andere mein Leben genießen!

Ich lade Sie ein, heute das Rezept für den Kuchen Ihres Lebens zu schreiben. Welche Zutaten brauchen Sie? Freundschaft, Begegnung, Glaube, Arbeit, Zeit für sich selbst, Hobbys, bestimmte Orte, Schlaf …? Sie dürfen so viele Zutaten hinzufügen, wie für Ihren Lebenskuchen wichtig sind! Aber beachten Sie das richtige, für Sie persönlich geeignete Maß!

13 Ist da jemand?

„Ich zünd für dich ein Licht an." Diesen Satz hört man bei uns im Kloster öfter. Er heißt übersetzt: „Ich denk an dich. Ich bete für dich!" Es ist einer der schönsten Sätze, die mir zugesprochen werden können.

Einige meiner Mitschwestern haben sich das rituelle Lichtanzünden zur Hauptaufgabe gemacht. Jeden Morgen entzünden sie eine Kerze vor der Marienskulptur in der Kapelle. Mit dem Anzünden dieser Kerze beginnen sie ihr Tagwerk: zu sein wie eine leuchtende Kerze vor Gott. Dabei bringen sie alle Anliegen der Menschen, die uns ihre Anliegen schicken, und alle Sorgen und Nöte der Welt im Gebet vor Gott. Diese Tagesaufgabe vollzieht sich im Stillen, im Verborgenen. Sie fließt wie ein unterirdischer Bach, eine unterirdische Quelle unter allem dahin, was im Kloster und in der Welt geschieht. Ein Gebetsstrom, der nicht abreißt und die Mauern unseres Klosters durchbricht. Wenn wir schlafen gehen, beten die Mitschwestern in Amerika noch weiter, wenn wiederum sie schlafen gehen, übernehmen die Mitschwestern in Asien.

Die Treue unserer „Lichtanzünderinnen" ist bewundernswert. Ohne ihre Verlässlichkeit ginge bei uns gar nichts. „Ist da jemand?" – so lautete der Werbeslogan für eine gemeinnützige

ORF-Hilfsaktion und auch das Motto für den zugehörigen Spendenmarathon „Licht ins Dunkel".

Ja, da ist jemand. Auch im Dunkel unseres Lebens.

Jemand, der es sich zur Aufgabe gemacht hat, unsere Anliegen in sein Gebet aufzunehmen. Jemand, der dadurch für uns selbst zum Licht wird.

Jemand, der uns durch das Anzünden einer Kerze hinweist auf ein größeres Licht und die alles erhellende Gegenwart Christi.

Für wen möchten Sie heute ein Licht anzünden?

14 Schutzbrille

„Das Haus verliert nichts."

Dieser Grundsatz gilt auch für unser Kloster, dachte ich mir, als ich auf der Suche nach Schmierpapier in der Schublade unterm Telefontischchen eine Schutzbrille für die Sonnenfinsternis 1999 entdeckte! Wahrscheinlich hatten wir sie damals aufbewahrt für den Fall, dass es in den nächsten hundert bis zweihundert Jahren noch einmal eine solche Sonnenfinsternis geben sollte. Auf den Brillenbügeln stand: Blicken Sie nie ohne ausreichenden Schutz in die Sonne.

Mit der Sonne ist es wie mit Gott. Auch ihn kann ich nicht direkt anschauen. Selbst wenn ich es mir – wie viele andere – noch so sehr wünsche. So wie ich nicht in die Sonne blicken, sondern ihre Strahlkraft nur erfahren kann, vermag ich Gott nur zu erahnen. Manchmal spüre ich seine Gegenwart in Ereignissen oder Begegnungen, so wie ich wahrnehme, dass die Sonne Gegenstände bescheint, in ihr Licht taucht, Farben und Schatten produziert.

In meinem Leben kann ich hin und wieder Gottes Gegenwart fühlen – in der Energie intensiver Begegnungen, in farbenfrohen Ereignissen, selbst in den Schattenseiten meiner Persönlichkeit kann ich mir seine Gegenwart immer wieder bewusst machen.

Ihn direkt anzuschauen, von Angesicht zu Angesicht, das ist uns verheißen. *(1. Korinther 13,12)* Eines Tages werden wir ihn wirklich SEHEN. Dann werden wir ganz eintauchen können in SEIN Licht. Das ist die Zusage von Ostern.

Schon jetzt dürfen wir uns nach dieser Begegnung sehnen. Schon jetzt dürfen wir auf sie hoffen. Schon jetzt dürfen wir daraus und daraufhin leben.

Manchmal vergesse ich dies. Manchmal vergesse ich, dass mir die Erlösung ja schon längst versprochen ist. Manchmal denke ich, dass ich mir diese Erlösung erst „erarbeiten" muss, und vergesse, dass ich nichts anderes zu tun brauche, als mich von Gott beschenken zu lassen.

Wir sind alle eingeladen, in unserem Leben, im Hier und Jetzt, die Spuren und Strahlen seiner Auferstehung zu entdecken – und das ganz ohne Schutzbrille.

15 Heimatschein

Noch vor sechzig Jahren war es in vielen Bauernhäusern ein Privileg, einen Löffel in der Schublade am gemeinsamen Tisch zu haben. Knechte und Tagelöhner, die von Hof zu Hof zogen, nahmen ihren eigenen Löffel mit. Dort, wo sie ihren Löffel ablegen durften, hatten sie ihre Arbeit, ihre Zugehörigkeit, ihre Mitverantwortung und das Recht auf Unterkunft und Verpflegung.

„Mein Löffel, das ist mein Heimatschein", so sagte man.
Dort, wo ich meinen Löffel niederlegen darf, dort gehöre ich hin, da bin ich daheim.

Das wünschen sich in Österreich, in Deutschland, in Europa viele Menschen. Wir alle brauchen einen Ort, wo wir uns sicher, geborgen, aufgenommen, zu Hause fühlen. Aber diesen Heimatschein, den gibt es nicht mehr so leicht. Einander Heimat zu sein, einander zur Heimat zu werden, das ist eine Aufgabe, die jeder Mensch zu erfüllen hat – im großen politischen Rahmen, aber auch im Kleinen, in der Kirche wie in der Familie.

Wem gebe ich in meinem Leben Heimat? Wer darf kommen und seinen Löffel an meinem Tisch platzieren? Und wo finde ich selbst Heimat? Wo gehöre ich hin? Wem möchte ich heute dafür danken, dass ich eine Heimat habe?

Beheimatet und nicht bloß geduldet zu sein, ist eines der größten Geschenke, das wir einander machen können.

Christus hat uns diese Heimat angeboten: „Ich gehe, euch einen Platz zu bereiten", so verspricht er den Jüngern im Johannesevangelium.

Die himmlische Heimat ist uns sicher. Da liegt unser Löffel bereits am vorbereiteten Platz am Tisch – darum brauchen wir uns nicht zu sorgen.

Schön wäre es, wenn es uns gelingen würde, dieses Stück Himmel schon auf Erden zu schaffen. Wenn es uns gelingen würde, für jeden Menschen hier und jetzt in unserem Land, aber auch in unseren Herzen, einen Ort zu schaffen, für den er einen Heimatschein bekommt und nicht nur eine bedingte Aufenthaltserlaubnis und einen vorübergehenden Schutz.

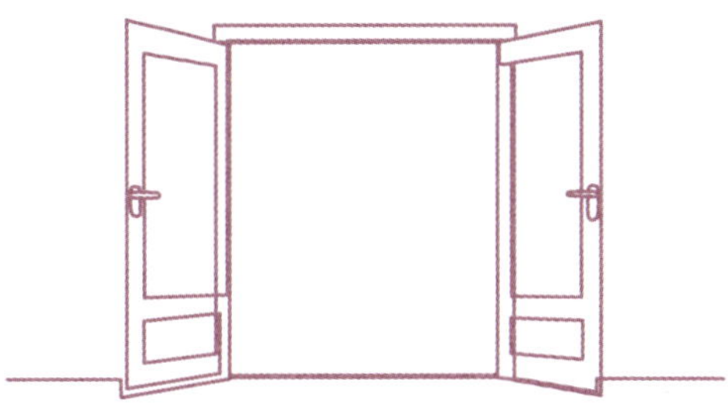

16 Himmelsschlüssel

Der Frühling ist eine Zeit, in der ich immer das Gefühl von Weite in mir spüre. Ich genieße dann die Freiheit, mich draußen aufzuhalten, spüre die ersten warmen Sonnenstrahlen, fühle mich Gott und der Natur besonders verbunden. Es ist eine Zeit der Erneuerung. Die Vögel singen in der Früh, die Weidenkätzchen, Schneeglöckchen und Krokusse blühen – und irgendwann auch die Schlüsselblumen, im Volksmund „Himmelsschlüssel" genannt. Die Himmelsschlüssel sind für mich immer auch ein Symbol, eine Einladung für dieses Neuwerden, die zu neuem Leben erwachte Beziehung zwischen Gott und mir. Auch diese Beziehung braucht immer wieder mal eine Revision, einen Neubeginn, ein Aufblühen. Auch in meinem Leben müssen sich mein Alltag und der „Himmel" immer wieder aufs Neue miteinander verbinden.

Das geht aber nur, wenn ich mitten in meinem Alltag immer wieder Ausschau nach den „Himmelsschlüsseln" halte: Welche Ereignisse, welche Begegnungen sind für mich Schlüssel, die mich verweisen auf die Gegenwart Gottes in meinem Leben, auf den Himmel, der schon jetzt in mir liegt?

Als ich im Jahr 2013 die ersten Himmelsschlüssel fand, bekam die Kirche am Abend einen neuen Papst.

Er nennt sich selbst Franziskus. Der heilige Franziskus von Assisi war in seiner stillen Art ein großer Reformer der Kirche. Er war ein radikaler Mann. Er hat sich nicht geschont, er hat den Reichen und Mächtigen seiner Zeit den Spiegel vorgehalten. Er hat zur Umkehr aufgerufen, zum Neuwerden. Er hat die Menschen herausgefordert.

Ich hoffte damals und immer noch auf einen neuen Frühling in der Kirche, auf ein Neuwerden, ein Aufblühen.

Die Frage, die ich mir stelle, ist, ob ich selbst bereit bin, mich herausfordern zu lassen? Bin ich bereit, einen Frühling, ein Neuwerden mitzutragen? Bin ich bereit, die bequeme Nische zu verlassen, in der ich mich in der Kirche eingerichtet habe? Bereit, auch Veränderungen mitzutragen, die mein eigenes Leben beträfen? Frühling geschieht nur da, wo ich selbst bereit bin, zu wachsen, mich herausfordern und verändern zu lassen.

17 Kostbarkeiten

Wenn der siebenjährige Nelito in Angola morgens zur Schule rennt, klemmt ein Bleistift hinter seinem Ohr. Seine Schwester Domingas steckt sich ihren Bleistift in die geflochtenen Haare. In den Händen halten beide einen Plastikschemel, denn in der Kirche, die zugleich als Schule dient, gibt es kaum Schulbänke oder andere Sitzgelegenheiten. Oftmals kommt noch nicht einmal ein Lehrer. Denn der Weg aus der Stadt ist weit, die Straße nach dem Regen zu schlecht. Wenn der Lehrer ausbleibt, dann üben die größeren Kinder mit den kleineren. Nelitos Schulheft ist voll mit kleinen Rechenaufgaben, die er fein säuberlich über die Seiten verteilt. Ein wenig lesen und schreiben kann Nelito auch schon – auf jeden Fall besser als seine Eltern und die meisten Erwachsenen im Dorf. Sein Vater ist stolz auf ihn, Nelito ist der Hoffnungsträger der Familie. Er soll die Chance haben, ein besseres Leben zu führen, so wünscht es sich der Vater. Nelito soll einen Beruf erlernen, in die Stadt ziehen, später einmal Geld nach Hause bringen. Deshalb bemüht sich der Vater, jedes Jahr das Schulgeld aufzutreiben und das Geld für das Heft und den Bleistift.

Der Bleistift und das Heft sind die größten Kostbarkeiten in Nelitos Leben, sie sind der Schlüssel für seine Zukunft und die Zukunft seiner Familie. Dafür investiert die Familie alles, was sie hat. Das Beispiel von Nelitos Familie macht mich betroffen. Wie viel für mich, für uns doch selbstverständlich ist!

Was ist mir in meinem Leben wirklich kostbar?
Wofür bin ich bereit, alles zu investieren, was ich habe?

Und wo spare ich, wo stelle ich meine Wünsche zurück, damit andere eine Zukunft haben?

Dies ist ein Grundgedanke beim Fasten. Fasten soll im tiefsten Kern nicht nur dem eigenen Wohlbefinden oder der Entschlackung dienen. Fasten geschieht in allen Religionen aus einem zutiefst solidarischen Antrieb heraus: Beim Fasten lerne ich, meine eigenen Bedürfnisse und Wünsche zurückzustellen, damit auch andere eine Zukunft haben.

18 Auf der Suche

In Zeiten von Handyweckern und digitalen Erinnerungsfunktionen ist er beinahe verschwunden: der gute alte Knoten im Taschentuch. Früher wurde er oft verwendet, damit man etwas Wichtiges nicht vergaß.

Im Kirchenjahr gibt es noch solche „Knoten-im-Taschentuch-Phasen“. Die Fastenzeit ist wohl die bedeutendste. Hier geht es darum, an das zu denken, was uns wirklich wichtig ist, an das, woraus wir leben. Es ist eine Zeit der Erinnerung, die uns herausführen möchte aus dem normalen Trott, aus der Hektik des Alltags, aus dem Gewöhnlichen. Zeit, um uns selbst zu begegnen.

Manchmal muss ich mich suchen gehen

Manchmal muss ich mich suchen gehen,
damit ich nicht ersticke
im Berg der Arbeit.
Manchmal muss ich mich suchen gehen,
damit ich mich nicht verliere
im Irrgarten der Gedanken.
Manchmal muss ich mich suchen gehen,
damit meine Sehnsüchte und Hoffnungen
Raum bekommen.
Manchmal muss ich mich suchen gehen,
damit ich wieder glauben kann
in den Zweifeln meiner Nächte.
Manchmal muss ich mich suchen gehen,
damit ich mich wieder öffne
für die Welt, für die anderen, für Gott.
Manchmal muss ich mich suchen gehen,
damit ich wieder ich selbst bin
und nicht nur ein Schatten.

(Hanni Neubauer)

19 Angeschlagen

Es klirrte und da lag sie: meine Lieblingstasse. Zwanzig Jahre zuvor hatte ich sie geschenkt bekommen. Sie hat jeden Umzug überlebt, wurde überall mit hingenommen. Zwischenzeitlich hatte ich sie schon einmal ausgemistet, und sie war für einige Jahre in einer Kiste auf dem Speicher verschwunden. Irgendwann habe ich sie wiedergefunden, und sie bekam einen Platz im Küchenschrank. Die Tasse hat mich begleitet und war in vielen Lebenssituationen für mich da: gefüllt mit Kaffee beim Gespräch mit der guten Freundin, bei der Planung eines Projektes mit Kollegen, während der Exerzitien – oder randvoll mit dampfendem Tee auf dem Nachttisch, als ich die Grippe hatte, oder beim Bücherlesen, als Seelentröster, wenn ich traurig und frustriert war, liebevoll hergerichtet auf dem Küchentisch von einer Mitschwester, wenn ich abends spät und verfroren nach Hause kam.

Und jetzt das! Vorne war eine mächtige Ecke abgebrochen, und auf der Rückseite zog sich von oben bis unten ein haardünner Riss. Flüssigkeit würde sie wohl nicht mehr halten können. „Eigentlich sollte ich sie wegwerfen", dachte ich. Und doch hinderte mich etwas daran!

Die Macke und der Riss in der Tasse erinnern mich heute an die Verletzungen und Narben in meinem Leben. Natürlich wäre ich lieber perfekt, heil, unverwundet und ungebrochen. Aber das Leben mit allem, was dazugehört an Konflikten, Krankheiten, Krisen und Fehltritten, hat auch bei mir Spuren hinterlassen. Meine Macken und Risse schaue ich nicht gerne an, aber sie gehören zu mir! Wenn ich die Tasse jetzt in die Hand nehme, erinnert sie mich an diesen Schmerz, zugleich aber auch daran, dankbar zu sein für mein Leben, für die Wachstumschancen und Herausforderungen.

Und sie erinnert mich daran, dass auch ich nicht perfekt sein muss, um geliebt und gebraucht zu werden.

Gott sagt Ja zu mir, so wie ich bin, mit all meinen Macken! Und ich darf ebenso Ja sagen zu mir! Ich darf angeschlagen sein und Narben haben! Sie machen mich letztlich zu der, die ich wirklich bin!

20 Funkenflug

Da sind wohl mal wieder die Funken geflogen! Warum muss mir diese Mitschwester wieder so auf die Nerven gehen! Ständig hadere ich mit ihr, und trotz bester Vorsätze bringen wir es beide nicht fertig, uns nicht aneinander aufzureiben. Solche Situationen kennen wohl alle. Da, wo Menschen zusammenleben oder -arbeiten, entsteht manchmal Reibung. Da passen Ansichten, Meinungen, Ideen und Handlungen gelegentlich nicht zusammen. Dann versucht jede und jeder, recht zu behalten, das Seine zu verteidigen, und keiner gibt nach. Bevor man sich's versieht, entsteht ein Konflikt, der oft – da nicht bearbeitet – zu einem Schwelbrand wird und die Luft verpestet.

Dabei wissen wir doch, dass es auch anders geht. Reibung an sich ist ja nicht schlecht.

Da, wo Reibung ist, entsteht Spannung, Energie – da können Funken überspringen, Neues entsteht! So wie das Streichholz sich nur durch Reibung entzünden kann, so entspringen manche gute Ideen gerade der Kollision mit gegensätzlichen Vorstellungen und Meinungen.

Voraussetzung dafür ist allerdings, dass ich die Reibung zulasse – ich muss zulassen, dass etwas in Bewegung kommt, zulassen, dass es Veränderung gibt. Wie beim Zündholz! Das Zündholz muss mit Schwung über die Reibefläche der Streichholzschachtel geführt werden. Ohne Bewegung, ohne Abrieb kein Zündfunke. Da, wo wir nicht offen sind für neue Wege, da, wo wir auf unserem Standpunkt beharren, unsere Sichtweise einzementieren, da kann kein Funke, keine neue Idee entstehen.

Und noch etwas können wir vom Zündholz lernen: Wer sich wirklich einlässt auf den Prozess des Aneinanderreibens, der kommt am Ende verändert, verwandelt heraus. Das Zündholz hinterlässt Spuren an der Schachtel, das Zündholz selbst erlischt und verglüht.

Wer sich wirklich einlässt auf die Perspektive des anderen,
wer sich davon berühren lässt, der wird verwandelt.
Da, wo durch die Reibung meiner Vorstellungen an den gegensätzlichen des anderen neue Spannung, ein Funke Licht entsteht, da werde auch ich verwandelt.

21 Brillentausch

Wir kennen es von Paaren, aber auch unter Kollegen oder Mitschwestern hört man ab und an den entsetzten Ausruf: „Ich hab meine Brille vergessen!", gefolgt von der Bitte: „Darf ich deine mal kurz haben?"

Wenn die eigene Sehstärke nachgelassen hat, sind wir in solchen Momenten angewiesen auf die Brille des Partners, der Kollegin, der Mitschwester.

Nach der Brille des anderen zu fragen, fällt uns nicht schwer. Mit einer witzigen Bemerkung probieren wir spielerisch, ob uns die geborgte Brille vielleicht zu einer besseren Sicht verhilft.

So leicht es ist, um die Brille des anderen zu bitten, so schwer fällt es uns doch oft, um die Sichtweise des anderen zu bitten. Obwohl ich doch eigentlich weiß, dass eine Situation, so wie ich sie wahrnehme, nur meine – begrenzte – Sicht der Dinge widerspiegelt, behaupte ich doch gerne, dass sie die einzig richtige ist, und verpasse so den umfassenden Blick auf die Wirklichkeit. Eine Sichtweise, die der Wahrheit nahekommt, entsteht nur aus der Zusammenschau von verschiedener Perspektiven und Wahrnehmungen. Um etwas wirklich und wahrhaftig erfassen zu können, brauchen wir die „Brille", den Blickwinkel des anderen.

Und um mich selbst wahrzunehmen, so, wie ich wirklich bin und nicht nur mein Selbstbild, brauche ich den Partner, die Kollegin, die Mitschwester. Deren Sichtweise hilft mir dabei, mich selbst besser zu erkennen, damit ich wachsen kann.
Das ist nicht immer leicht, aber wie beim Ausborgen der Brille bekomme ich so eine bessere Sicht: auf die Wirklichkeit, das Leben und mich selbst.

22 Harte Brocken

Früher gab es bei den einfachen Leuten zu Mittag eine dicke Suppe. Jeder bekam seinen Teller zugeteilt, das Brot lag offen auf dem Tisch. Jeder konnte davon nehmen, soviel er wollte, und es in die Suppe „einbrocken".

„Das hast du dir selbst eingebrockt, die Suppe musst du jetzt auch auslöffeln!"

Diesen Satz kennen Sie bestimmt auch. Wir gebrauchen ihn gewöhnlich, um jemanden darauf hinzuweisen, dass er die Konsequenzen für sein Handeln und seine Entscheidungen selber zu tragen hat. „Du hast es so gewollt, du bist selbst schuld daran, also werde damit auch fertig!", sagen wir damit, geben ihm die volle Verantwortung und verzichten auf Hilfestellung.

Der andere bleibt allein zurück mit seiner Suppe. Und manchmal bleibt der harte Brocken ihm geradezu im Halse stecken.

Von Jesus haben wir einen solchen Satz nie gehört. Wenn Jesus im Evangelium Menschen begegnet, die sich und anderen etwas „eingebrockt" haben, macht er ihnen zwar die Konsequenzen ihres Handelns deutlich, aber er entzieht sich nicht. Im Gegenteil: Er bietet sich an, ihre Suppe auszulöffeln!

Dieser Gedanke beruhigt mich sehr. Ich darf mit allen noch so schweren Brocken meines Lebens, mit dem, was ich mir und anderen eingebrockt habe, zu ihm kommen. Er nimmt meine Last, meine Schuld auf sich. Er geht damit nach Golgota, ans Kreuz, ins Leiden, in den Tod, in die Auferstehung.

Das ist die frohe Botschaft des Evangeliums und vor allen Dingen auch der Fastenzeit:

Ich brauche die Suppe, die ich mir eingebrockt habe, nicht mehr allein auszulöffeln. Ich muss mich nicht selbst erlösen. Ich darf die harten Brocken zu Jesus bringen in der Hoffnung und in der Gewissheit, dass ich durch seinen Tod und seine Auferstehung bereits erlöst bin.

23 Schlüssel gesucht

Manchmal habe ich das Gefühl, in meiner Beziehung zu Gott wäre eine Tür zugefallen. Dabei ist gar nichts Besonderes passiert. Ich war nur nicht besonders aufmerksam, hatte nicht genügend Zeit, und irgendetwas kam immer dazwischen. Wenn ich mich dann aufraffe und mich vor Gott hinsetze, mir Zeit für ihn nehme, wieder anfange zu beten, dann spüre ich oft so gar nichts. Ich kann mich nicht richtig öffnen. Dann habe ich das Gefühl, Gott zu suchen, aber nicht zu finden. Die Tür zu meiner Seele, meinem Herzen, meinem inneren Ohr scheint zugefallen. Dann wünsche ich mir einen Schlüssel, der mich ganz schnell, im Handumdrehen aufschließt.

Oder eine Art Zündschlüssel wie fürs Auto, den ich drehe oder drücke und dann gleich beschleunige von null auf hundert.

Leider gibt es so einen Schlüssel aber nicht.

Der einzige Schlüssel, der mir in dieser Situation geschenkt wird, ist der Schlüssel zum geduldigen Warten, zum Lauschen nach innen, zur Sehnsucht nach Gott. Ich muss warten, bis Gott meine Verschlossenheit löst, mich neu öffnet, dass ich sein Wirken, seine Nähe wieder wahrnehmen kann.

Wenn ich diesen Schlüssel des Wartens und Sehnens in das Schlüsselloch meiner Seele stecke und geduldig ausharre, dann merke ich, wie sich die Tür plötzlich von innen öffnet, ganz leise und behutsam. Weil da jemand ist, der die ganze Zeit schon auf mich gewartet, sich nach mir gesehnt hat.

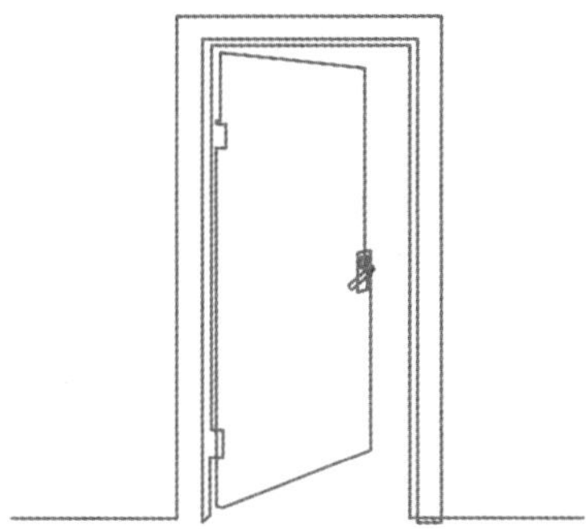

24 Erstklässler

„Sie saßen da mit gespitzten Bleistiften und gespitzten Ohren ..." So beschrieb ein Reporter den ersten Schultag einer Grundschulklasse. Der gespitzte Bleistift, die gespitzten Ohren werden zu einem Bild für Offenheit, Aufmerksamkeit und die Bereitschaft, sich einzulassen. Wer einen gespitzten Bleistift dabeihat, der ist gut vorbereitet!

Ich frage mich, wie es denn mit den Bleistiften in meiner Lebensschule aussieht? Sind sie gespitzt? Bin ich offen dafür, Neues zu lernen? Aufmerksam für den Moment? Bereit, dieses Leben voll und ganz anzunehmen?

Oder hänge ich unmotiviert auf der Schulbank herum, kaue Kaugummi und warte, bis der Tag vorbei ist? Kann ich das, was vielleicht wichtig wäre, gar nicht aufschreiben, weil mein Bleistift eh schon lange keine Spitze mehr hat? Interessiert mich überhaupt noch, was in meinem Leben gerade auf dem Stundenplan steht, oder stecke ich mir Kopfhörer in die Ohren, stelle mein Herz und meinen Verstand auf Durchzug und hoffe, dass es keiner merkt?

Lebe ich mein Leben mit allen Höhen und Tiefen? Mit der Neugier auf das, was vielleicht morgen auf dem Plan steht? Mit der Aufmerksamkeit für die kleinen Details, die scheinbar winzigen und doch so wichtigen Begegnungen, die Momente von Erfüllung und Freude über die ersten Krokusse, die Wärme der Sonne, ein Stück Brot?

Und wie gehe ich meine Arbeit an? Mit gespitztem Bleistift – bereit zu lernen, zu wachsen, Neues zu gestalten, neue Erfahrungen zu machen, auch im Alltagstrott?

Jesus will, dass wir das „Leben haben und es in Fülle haben." (Johannes 10,10)
Wir könnten unseren Bleistift doch mal wieder anspitzen!

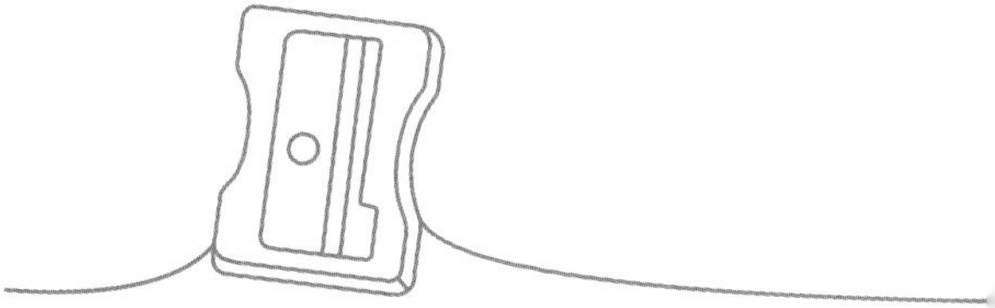

25 Was wirklich wichtig ist

Der Knoten im Taschentuch ist eine altbekannte Gedächtnisstütze. Erinnern ist eine der wichtigsten Fähigkeiten des Menschen. Wir alle wissen, wie wichtig es ist, eine Erinnerungskultur, ein Geschichtsbewusstsein zu haben, oder wie traurig es ist, wenn Menschen ihre Erinnerung verlieren.

Er*innern* ist die Fähigkeit, ein Ereignis, eine Begegnung, ein Wort, eine Person in mein Inneres zu holen, zu ver*inner*lichen. Dort, wo ich etwas verinnerliche, verändere ich mich zugleich. Meine Erinnerung prägt mich, bestimmt meine Reaktionen, mein Sehnen, mein Denken und Fühlen und macht mich zu der, die ich bin.

Im Erinnern legen wir in uns einen Schatz an – an bedeutenden Momenten, Gedanken, Empfindungen. Es kann Schweres wie Schönes sein, das erinnert wird.

Was wir erinnern, tragen wir in uns wie einen Besitz – und den kann uns niemand mehr nehmen. Dies ist ein tröstlicher Gedanke für all diejenigen, die um einen geliebten Menschen trauern.

„Wir besitzen nur dasjenige wirklich, für das wir innerlich danken können", sagt der Jesuit Willi Lambert. Dankbarkeit ist ein sehr tiefes Empfinden, das wir alle kennen – tiefste Dankbarkeit für vieles, was wir erleben und erfahren durften.

Einige meiner älteren Mitschwestern sind trotz vieler Schwierigkeiten im Leben voll von dieser großen Dankbarkeit – sie strahlen sie aus, oftmals ohne viele Worte darum zu machen. Aber die Fähigkeit, dankbar zu sein, ist keine Frage des Alters, sondern das Ergebnis einer Einübung in das dankbare Erinnern. Ein schönes Ritual ist es, einmal am Tag bewusst zurückzublicken auf das, was heute gewesen ist, und sich zu fragen: Für wen, wofür bin ich heute dankbar?

Dieses Gefühl der Dankbarkeit Menschen und Gott gegenüber ist eine verwandelnde Kraft in unserem Leben.

Die Fastenzeit könnte eine Zeit sein, diese Kraft in uns neu zu entdecken.

Deshalb lade ich Sie ein, sich heute einmal eine halbe Stunde Zeit zu nehmen, sich die wichtigsten Momente Ihres Lebens in Erinnerung zu rufen und sich zu fragen: Wofür bin ich in meinem Leben zutiefst dankbar?

26 Alle Tassen im Schrank?

„Du hast ja wohl nicht mehr alle Tassen im Schrank! Bist du jetzt total verrückt geworden? Das kannst du doch nicht machen!" So oder ähnlich waren die Reaktionen vieler meiner Freunde auf meinen Klostereintritt.

Und ich musste ihnen sogar irgendwie recht geben. Auch ich fühlte mich ein Stück weit verrückt. Nicht in dem Sinne, dass ich den Verstand verloren hätte, sondern verrückt insofern, als ich nicht mehr in meiner normalen, festen Lebensspur war. Etwas oder jemand hatte mich „ver-rückt". Ich war ein wenig „neben der Spur", meine Tasse stand nicht mehr im gewohnten Schrank bei all den anderen. Gott hatte mich so berührt, dass ich nach und nach bereit wurde, meinen Lebensplan zu ändern, meinen Lebensentwurf loszulassen und einen Sprung ins für mich damals „kalte Wasser" zu wagen, in ein Leben mit Gott, in Gemeinschaft, in seiner Nachfolge.

Das Einlassen auf diesen neuen Weg bedeutete auch, vieles Liebgewonnene loszulassen. Ich musste meine Wohnung aufgeben, meine Schränke leeren, vieles verschenken. Am Ende hatte ich wirklich nicht mehr alle Tassen im Schrank.

Aber es war ein Freiraum entstanden in meinem Leben, ein Freiraum für ein Leben mit Gott, ein Freiraum, den er füllen wollte – diese Erfahrung durfte ich machen.

Auch jetzt gibt es immer wieder Zeiten, in denen ich spüre, dass es einmal wieder an der Zeit wäre, einen Freiraum für Gottes Wirken in meinem Leben zu schaffen. Denn auch im Kloster bin ich versucht, mich immer wieder bequem einzurichten, meinen inneren Schrank mit meinen Plänen, Ideen und Lebenskonzepten vollzustopfen. Da braucht es manchmal wieder den Anruf Gottes, der mich einlädt, ein paar Tassen aus dem Schrank zu nehmen, und ich spüre wie damals beim Eintritt, dass mich das herausfordert und manchmal auch ein wenig ängstigt.

Anders als damals habe ich aber mittlerweile gelernt, dass Gott, wenn er mich ruft, ihm mehr Platz in meinem Leben zu geben, den in mir entstehenden Freiraum auffüllt mit seiner Liebe. Und so fällt es mir ein Stück leichter, vertrauensvoll seiner Einladung zu folgen.

Meine Erfahrung hat mich gelehrt, dass es sich lohnt, diesem leisen Anruf Gottes zu folgen. Es lohnt sich, sich von ihm verrücken zu lassen, es lohnt sich, die eigenen Lebenspläne ihm zu überlassen, es lohnt sich, ein Stück in die Unsicherheit zu gehen, es lohnt sich, wenn die anderen sagen, man habe nicht mehr alle Tassen im Schrank, es lohnt sich, die Leere auszuhalten – für ein von Gott erfülltes Leben!

27 Angesteckt

„Einer hat uns angesteckt mit der Flamme der Liebe!“, sangen wir als Jugendliche in einem neuen geistlichen Lied. Spöttisch nannten wir es das „Viruslied“.

Inhaltlich bezog sich der Liedtext auf die Nachfolge Jesu. Uns als Jugendliche von Jesus „anstecken“, „entzünden“ zu lassen, war in den 1970er-Jahren unser großes Thema. „Lasst euch anstiften zur Freude“, hieß es in einem anderen Lied und „Lass mich eine Fackel sein, die nur brennt für dich“ ... Diese Zeile verstieß schon beinahe gegen die Brandschutzordnung!

Funken sprühend sangen wir: „Die Sache Jesu braucht Begeisterte!“

Die Begeisterung für Jesus, die Bergpredigt, die Verkündigung von Gewaltfreiheit, Einfachheit, Solidarität, diese Begeisterung entflammte erneut, als Franziskus Papst wurde. Ein Papst, der kein Europäer war, der die Weltkirche vielleicht mit neuen Augen sah. Die Menschen waren neugierig, hofften auf Veränderung. Es lag in dem Moment noch ein Funke Aufbruchsstimmung in der Luft. Viele schauten gebannt nach Rom, lasen seine ersten Worte, waren berührt.

Wir brauchen immer wieder Menschen, die uns anstecken mit der Freude und Begeisterung ihres Glaubens. Gerade da, wo wir vielleicht selbst eine Durststrecke haben, wo uns Glauben und geistliches Leben schwerfällt. Da brauchen wir jemanden, der uns immer wieder befeuert. Und ich selbst? Lebe ich meinen Glauben so, dass andere neugierig werden? Dass andere Fragen stellen? Dass andere merken, dass ich im tiefsten Innern begeistert bin – voll des Heiligen Geistes?

Spürt man, dass ich Christin bin? Dass ich Jesu Botschaft wirklich ernst nehme? Dass ich leben will aus der Liebe und Barmherzigkeit Gottes? Dass ich mich von seiner Liebe und Barmherzigkeit füllen und bewegen lasse? Oder habe ich wie ein nass gewordenes Zündholz meine Zündkraft verloren?

Ich gebe zu, das ist nicht immer gleich. Ein wenig liegt es auch an meiner jeweiligen Tagesverfassung ...

Auf der anderen Seite sollten wir „begeistert" nicht unbedingt mit „himmelhoch jauchzend" gleichsetzen. Es gibt auch die stille Freude, die zurückhaltende, aber ehrliche Begeisterung, die sich formt durch Leid und Schmerz, in der Krise. Gerade dort leuchtet das Licht des Heiligen Geistes.

Der Papst wird die Kirche nicht alleine erneuern und begeistern.

Wenn wir wirklich Veränderung wollen, dann dürfen und müssen wir mitarbeiten. Wir alle sind eingeladen, den Funken überspringen zu lassen.

28 Lupenrein

Eine besondere Art der Sehhilfe ist die Lupe. Zur Erstkommunion bekam ich von meiner Tante eine Lupe geschenkt. Zuerst hat sie mich nicht wirklich interessiert, dann aber habe ich mir mit ihrer Hilfe alle möglichen Pflanzen und Käfer genau angeschaut und war fasziniert vom Spiel mit Nähe und Distanz. Heute nutze ich dafür die Zoomfunktion meiner Kamera und genieße es, die Dinge heranzuholen und mir ihre Beschaffenheit samt der kleinen Details anzusehen.

In einer Diamantenschleiferei lernte ich dann einmal eine Diamantenlupe kennen und das Urteil: „lupenrein". Lupenrein bedeutet, dass sich selbst mit der stärksten Lupe keine Einschlüsse oder Fehlschliffe erkennen lassen: Der Diamant ist perfekt.

Wenn ein Diamant lupenrein ist, so steigt sein Kaufpreis, sein Wert.

Für vieles in unserem Leben gilt: Je besser, reiner, schneller, klüger, ausgefallener, desto wertvoller. Der Maßstab ist die Perfektion, daraus folgt ein ständiges Bewerten, eine permanente Hetze nach „Mehrwert". Parallel dazu fällt es uns oft schwer, uns Gott ganz zu öffnen, uns ihm ganz anzuvertrauen. Doch gerade bei Gott brauche ich nicht lupenrein, nicht perfekt zu sein. Er macht meinen Wert nicht abhängig von meiner Reinheit, meiner Schönheit, meiner Gesundheit.

Gottes Liebe ist bedingungslos. Er liebt mich trotz meiner Fehlerhaftigkeit.

Ich darf ihm also unbesorgt erlauben, meine Schwächen zu betrachten, sie heranzuzoomen in seine Liebe.

Das auszuhalten fällt mir manchmal schwer. Viel lieber wäre ich perfekt.

Aber es ist die Einladung des gekreuzigten und auferstandenen Christus: „Komm herein in meinen Blick, herein in meine Arme, herein in meine Liebe – und komm, wie du bist!"

29 Dableiben

Letzte Woche durfte ich zuschauen, wie eine Pflegerin einem schwer kranken Menschen beim Essen half. „Essen eingeben", so heißt es in der Fachsprache. „Essen eingeben" kann man auf die unterschiedlichste Weise: langsam, behutsam, den Bedürfnissen des Betreuten angepasst oder hektisch, schnell, „hineinschiebend", schimpfend. In manchen Pflegesituationen kann das Esseneingeben zu einem Moment der Gewalt und subtiler Brutalität werden.

Anders in dem Fall, den ich beobachten durfte. Das Essen dauerte sicher über eine Stunde, zwischenzeitlich wurde das Essen wieder erwärmt. Der betreute Mensch brauchte seine Zeit, jeder Löffel verlangte ihm große Anstrengung ab, das Schlucken fiel ihm schwer. Die Pflegerin hatte ein Piercing in der Nase und eine Engelsgeduld. Behutsam schob sie den Speisebrei Löffelspitze für Löffelspitze in den Mund des Mannes, sobald er ihr andeutete, dass er dazu bereit sei.

„Ich mache das in meiner Freizeit, ich bleib halt länger", sagte die Pflegerin zu mir, als ich sie fragte, ob die Einrichtung ihr mit Blick auf die straffen Tagespläne dermaßen viel Zeit für die Essensgabe zugestehen würde. Ich war beeindruckt. Die Pflegerin gab nicht bloß Essen ein – sie gab sich selbst.

Als ich sie beobachtete, wurde mir bewusst, was es eigentlich heißt, sein Leben hinzugeben. Christus bis in die Hingabe des eigenen Lebens nachfolgen, das passiert meist nicht in den großen Momenten des Lebens. Wirkliche Hingabe geschieht unauffällig im Kleinen. Löffel für Löffel. Oft unbeachtet und ohne Dank und Anerkennung für diese Leistung.

Hingabe geschieht da, wo ich mich selbst vergesse, mich gebe für den anderen. Wo ich nicht die Frage stelle nach Entlohnung, Zeitausgleich oder finanzielle Gegenleistung. Hingabe geschieht da, wo wir wie selbstverständlich schenken – unsere Zeit, unsere Kraft, unser Interesse, unsere Liebe.

Hingabe ist die Einladung zur Selbstlosigkeit. Da, wo ich bereit bin, mein eigenes Selbst ein Stück weit loszulassen, da kann ich mich ganz schenken.

Und da, wo es mir gelingt, werde ich oft selbst zur Beschenkten.

Von wem habe ich heute Hingabe erfahren dürfen? Wer hat sich an mich verschenkt? Und wo ist es mir gelungen, hingebungsvoll zu handeln?

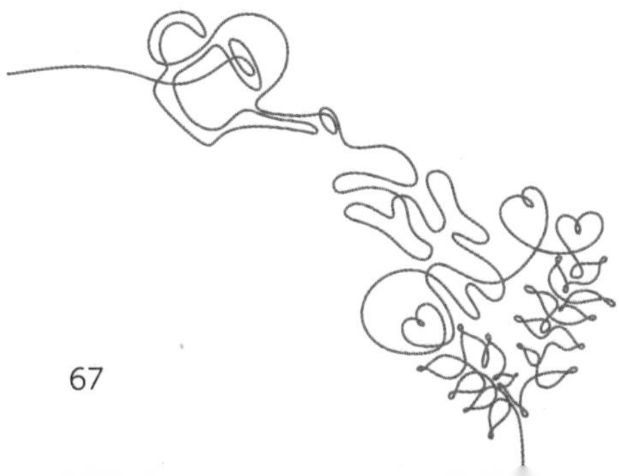

30 Blick in die Ewigkeit

Stellen Sie sich vor, Sie bekommen plötzlich eine unglaubliche Nachricht auf Ihr Smartphone, und als Eilmeldung läuft es durch die Medien: Jemand hat das Tor zum Himmel gefunden! Lange Zeit unentdeckt, aber jetzt sei es da und stünde auch noch direkt in Ihrer Nachbarschaft. Leider sei das Tor verschlossen – allerdings gäbe es ein großes Schlüsselloch! Und durch dieses Schlüsselloch könnte jede und jeder in die Ewigkeit, in den Himmel hineinschauen. Was würden Sie tun? Einen Souvenirshop eröffnen für die vielen Pilger, die zu erwarten wären? Gar eine Herberge? Oder lieber eine große Hecke um Ihr Haus pflanzen, damit Sie von dem ganzen Rummel nichts mitbekämen? Womöglich sogar umziehen?

Aber die eigentliche Frage ist doch: Wenn ich die Chance hätte, schon jetzt einen Blick in die Ewigkeit zu werfen, würde ich es tun? Wenn ja, warum? Wenn nein, warum nicht?

Es gibt keine richtige oder falsche Antwort. Aber ich finde es spannend, einmal mit dieser Idee zu spielen. Lebe ich meinen normalen Alltag im Bewusstsein der Ewigkeit? Im Hinblick auf ein Leben, das uns verheißen ist, im Hinblick auf die Auferstehung? Oder interessiert mich das gar nicht?

Lebe ich im Glauben, dass ich einst mit Christus auferstehen und in seine Herrlichkeit, seine Gegenwart eingehen werde? Dass ich einst vereint sein werde mit IHM? Dass er mir ein Leben in Fülle schenken wird? Nicht erst dann, sondern bereits jetzt? Halte ich Ausschau nach Gottes Reich? Suche ich schon im Hier und Jetzt?

Und wo sind die Schlüssellöcher in meinem Alltag, durch die ich schon jetzt ein Stück von Gottes Herrlichkeit, seiner Güte und Barmherzigkeit erfahren kann?

31 Vom richtigen Druck

Angeblich gab es ihn schon im 18. Jahrhundert, und eigentlich erfüllt er denselben Zweck wie ein gewöhnlicher Bleistift. Nur anspitzen muss man ihn nicht, den Druckbleistift.

Druckbleistifte sind in der Anschaffung teurer und in der Handhabe gewöhnungsbedürftig. Auf Knopf*druck* rutscht die Graphitmine ein Stück nach vorne. Und das Schreiben selbst hängt vom richtigen Druck ab. Dadurch, dass die Mine so dünn ist, braucht man hier sehr viel Gespür. Wenn man zu zaghaft aufdrückt, bleibt das Blatt unbeschrieben. Drückt man zu fest, läuft man Gefahr, dass die Mine bricht. Um mit der feinen Spitze des Druckbleistifts gut schreiben zu können, braucht man also Feingefühl. Wie viel Druck verträgt das Schreibinstrument?

Ähnlich viel Sensibilität brauchen wir im Umgang mit unseren Mitmenschen. Manchmal braucht es ein wenig Druck, damit etwas geschieht. Manche Menschen arbeiten auch besser unter Zeitdruck. Andere brauchen ein gewisses Maß an sogenanntem Leidensdruck, um etwas zu ändern. Hin und wieder spüre ich wiederum so etwas wie Erwartungsdruck. Druck an sich ist nicht schlecht. Ein Händedruck oder der Druck einer Umarmung kann wohltuend sein. Druck wird da als negativ empfunden, wo er er*drück*end wird, lähmt, uns den Atem nimmt.

Ein Glauben, der nichts von uns fordert, der uns nicht herausfordert, immer neu zu suchen und zu fragen, der uns nicht zu Veränderung treibt, ist tot. Wenn der „liebe Gott" immer nur gut ist, alles nur gutheißt, dann wird er beliebig. Und ich niste mich ein in einer Selbstzufriedenheit, die mich einlullt, aber nicht zum Wachsen anregt. Im Glauben lädt Gott uns ein zu „werden" - immer mehr zu seinem Abbild zu werden, zu dem- oder derjenigen, die ER sich erträumt hat. Dieses „Werden" ist ein lebenslanger Prozess. Ich kann ihn nicht erzwingen, aber ich kann ihn fördern: durch das Lesen der Heiligen Schrift, die Teilnahme an der Liturgie, das Gebet und die Begegnung mit Gott in meinem Alltag. Manchmal braucht es dazu etwas Disziplin, etwas Druck meinerseits – muss ich doch oft erst meinen inneren Schweinehund überwinden. Gleichzeitig darf ich dabei nicht zu viel Druck ausüben, nicht zwanghaft und verbissen werden – sonst hat die Gnade Gottes keinen Raum zu wirken.

Auch hier braucht es also Feingefühl und das richtige Maß. Und dieses Maß ist von Mensch zu Mensch, von Situation zu Situation verschieden.

Das Schöne ist: Ich darf ausprobieren, experimentieren, herausfinden, was mir guttut, wie viel Druck für mich richtig ist ... den Rest wird Gottes Barmherzigkeit vollbringen.

32 Zwei Hände

„Mit dem Beichten hab ich es ja nicht so. Wieso noch mal alles aufsagen, Gott weiß es ja eh?", dachte ich mir als junge Schwester oft. Im Noviziat gab es monatlich die Möglichkeit zu beichten. Dafür kam extra ein Priester ins Haus. Natürlich war es uns freigestellt, zur Beichte zu gehen, offiziell gab es keinen Zwang, keine Kontrolle, aber natürlich fiel es auf, dass alle anderen Novizinnen brav zum Gespräch gingen und nur eine stattdessen durch den Garten spazierte. Monate vergingen, ohne dass etwas geschah. Mittlerweile fühlte ich mich bei meinen Ausweichspaziergängen schon recht sicher. Beichten war einfach nichts für mich!

Eines Tages aber war es aus mit meinem „Frieden". „Mir ist aufgefallen ...", begann eine Mitschwester. Ich bekam kalte Füße. Aber ich konnte gut mit ihr reden und erzählte ihr von meiner Theorie von Schuld und der bedingungslosen Liebe Gottes, die ich ja auch ohne Beichtgespräch spüren konnte. Gott braucht meine Beichte nicht! Seine Liebe ist bedingungslos, solange ich mich ihm reuevoll zuwende ... und wahrscheinlich sogar noch darüber hinaus! Sie stimmte mir in allem zu.

Doch dann erklärte sie mir ihr Verständnis vom Sinn der Beichte: „Ich stelle mir vor, dass ich mit Gott mein ganzes Leben lang durch einen starken Faden verbunden bin ... fast wie eine Spinne mit ihrem Netz. Wenn ich schuldig werde, dann reiße ich diesen Faden durch und drohe zu fallen ... Doch ich kann nie tiefer fallen als in Gottes Hand. Er fängt mich auf. Und dann nimmt er den Faden und knotet ihn wieder zusammen. Mit jedem neuen Knoten wird die Distanz zwischen mir und ihm ein wenig kürzer. Jede Schuld, jede Vergebung wird damit zur Möglichkeit, ihm näher zu kommen, seine Liebe zu erfahren."

Der Vergleich gefiel mir. Das konnte ich glauben! Mich dieser Barmherzigkeit und Erlösung Gottes auszusetzen, das wollte ich. „Der Faden, der neu zusammengeknotet wird, das ist für mich die vergebende Liebe Gottes", fuhr meine Mitschwester fort. „Das Problem ist, dass man, um einen gut haltenden Knoten zu machen, zwei Hände braucht: Gottes Hand und meine." In den folgenden Jahren lernte ich: Gott braucht mein Schuldbekenntnis nicht. Aber ich brauche es. Im Aussprechen meiner Schuld geschieht Heilung. Im Aussprechen meiner Schuld finde ich Erleichterung. Im Aussprechen meiner Schuld werde ich sie los, kann ich sie loslassen, wegwerfen.

Im Aussprechen meiner Schuld binde ich gemeinsam mit Gott einen neuen Knoten. Ich erfahre das Sakrament, den heiligen Moment, die Bejahung meines Selbst durch Gott. Im Aussprechen meiner Schuld werde ich frei. Und in jeder Schuld hält er mein Fallen und bindet mich neu an sich.

33 Unterschiede

Sonntag, 17. März, 8.00 Uhr: Frühstücksbuffet in einem Sternehotel in Klagenfurt am Wörthersee:
Kaffee, verschiedene Tees, hart gekochte Eier, Rührei, Spiegelei, Schinken, Speck, Würstchen, Gemüse, Salate, Polentaschnitten, überbackene Tomaten, Salami, Wurst, sieben verschiedene Sorten Käse, Honig aus der Wabe, Birnenmus, unendliche Sorten Marmelade, vier Sorten Joghurt, Obstsalat, exotische Früchte, heimisches Obst, vier Sorten Plundergebäck, Reindling, acht Sorten Müsli, getrocknete Früchte, Nüsse, drei Sorten Brot, fünf Sorten Weckerl, Zwieback, Knäckebrot, acht verschiedene Säfte, Energydrinks ...

Sonntag, 17. März, 8.00 Uhr: Frühstück im Dorf Immaculada Concepcao, Angola:
ein Stück Brot, eine Blechtasse Tee

Es wäre genug für alle da. Jesus verspricht uns in der Bergpredigt: „Selig, die hungern und dürsten nach der Gerechtigkeit, sie werden satt werden!"

Es liegt an uns, wie wir mit dieser ungleichen Verteilung umgehen, was wir für eine gerechtere Welt zu tun bereit sind.

34 Funkstille

Der Server ist abgestürzt! Ich sitze vor dem Computer und möchte eigentlich meine E-Mail-Liste abarbeiten. Aber es herrscht Funkstille. Ich bin keine Computerspezialistin, aber ich stelle mir diesen Server vor wie eine Verbindungsstelle zwischen uns allen. Er ermöglicht die Weiterleitung von E-Mails, er verbindet mich mit Menschen, die ich gut bis gar nicht kenne. Jetzt spüre ich meine Abhängigkeit von diesem „Ding“, das ich nicht genau beschreiben kann und von dem ich nicht einmal richtig weiß, wie es funktioniert.

Da fällt mir ein, auf welche Weise ich mich mit den Menschen auf meiner Kontaktliste verbinden könnte: Ich kann ihnen meine Gebete, meine guten Gedanken, einen Segenswunsch für den heutigen Tag schicken. Ich vertraue, dass Gott diese Gebete, diese Gedanken, diesen Segen an die Empfänger weiterleitet und erhört. Der Server ist down – aber Gott nicht!

Sicherlich herrscht auch im Gebet mitunter Funkstille. Dann habe ich das Gefühl, dass Gott nicht da ist, dass meine Gedanken ins Leere gehen. Diese Erfahrung macht ab und an jeder, der seinen Glauben aktiv lebt. Es sind die Zeiten, in denen wir eingeladen sind, wirklich zu glauben, zu vertrauen, dass Gott da ist – auch wenn ich ihn nicht spüre. In den Momenten der „Funkstille zwischen mir und Gott", in denen scheinbar nichts passiert, wo mein Gebet offenbar ins Nichts läuft, da spüre ich meine Abhängigkeit von ihm. Da wächst meine Sehnsucht nach ihm. Da merke ich, wie ich mich unbewusst neu auf Gott hin ausrichte. Die Funkstille-Zeiten in unseren Gebeten sind Wachstumszeiten. Wichtig ist, dass ich nicht aufgebe zu beten. Wichtig ist, dass ich mich mit meiner Sehnsucht vor Gott begebe. Ich werde warten müssen, ich werde unruhig werden, ich werde vielleicht frustriert sein. Es sind schwierige Zeiten. Doch ich darf glauben und hoffen, dass Gott gerade in dieser Zeit ganz besonders am Werk ist, dass sein göttlicher Funke in mir zu glühen beginnt. Die heilige Therese von Lisieux hat diese Funkstille-Zeiten mit einer Operation beschrieben. Der Patient unter der Narkose spüre nicht die heilende Gegenwart und Tätigkeit des Arztes, schreibt sie. Dennoch geschieht das Wesentliche. Und der heilige Ignatius von Loyola sagt, dass allein die Sehnsucht nach Gott bereits Gebet sei. Bei Verbindungsfehlern am Computer hilft oft ein Neustart.

Ich frage mich: Sehne ich mich in meinem Leben wirklich nach Gott? Versuche ich im Zweifel, ob die Verbindung wieder funktioniert? Oder gebe ich einfach auf und lasse die Verbindung gänzlich abreißen?

Der Server ist vielleicht noch down – aber Gott nicht!

35 Tiefenschärfe

Meine Augen sind mit allen möglichen Gerätschaften vermessen worden. Am Ende weiß der Optiker Bescheid: So und so seien die Gläser für meine Brille zu fertigen. Ein wenig hilflos höre ich mir seine Erklärungen an. Dann gleitet mein Blick über Hunderte von Brillengestellen, und ich stelle mir dazu die ungeheure Vielzahl an Gläsern vor, in allen Stärken, mit Gleitsicht, entspiegelt, getönt – am Ende werde ich daraus die Brille erhalten, die mir die optimale Sehschärfe ermöglichen wird.

Ich werde wieder klar sehen können.

Als ich an den Regalen vorbeigehe, kommt mir der Gedanke, dass ich mir von meiner neuen Brille eigentlich noch eine ganz andere Qualität wünsche: Wie würde sich meine Welt verändern, wenn es eine Brille gäbe, mit der ich automatisch das Gute in meinem Gegenüber erkennen könnte? Meine Wunschbrille müsste das Negative gar nicht ausblenden, es geht nicht um eine rosarote Brille. Sie müsste das Negative nur in den Hintergrund rücken und das Gute nach vorne holen. Wie würde sich die Welt verändern, wenn jeder und jede von uns eine solche Brille trüge? Wie würde ich mich aber vor allen Dingen selbst verändern?

Wie viel dankbarer, wie viel freier wäre ich? Wie sehr würde ich mich durch meine Mitmenschen beschenkt wissen, wie sehr ihre Gegenwart genießen?

Diese Wunderbrille gibt es leider nicht. Derartige Sehhilfen gibt es nicht, da braucht es eine langfristige Therapie in einer speziellen Sehschule:

Um die Fähigkeit zu erlangen, das Gute im anderen besser wahrzunehmen, muss ich meinen Blick als Erstes auf mein eigenes Ich richten. Dort werde ich meine persönlichen Stärken und besonderen Charaktereigenschaften entdecken, die mich liebenswert machen, „Gutes". Zugleich werde ich mir auch ein paar heikle Fragen stellen müssen: Wozu brauche ich eigentlich die Fehler und Schwächen des anderen, die ich so schnell in den Blick nehme? Wieso fokussiere ich meine Wahrnehmung darauf? Weil ich meine, im Vergleich besser dazustehen? Weil die Fehler des anderen mein eigenes schwaches „Ich" aufbauen? Weil ich dann meine eigenen Schattenseiten weniger sehe? Weil die Unzulänglichkeiten des anderen mir Macht über ihn geben? Die Liste der Fragen ist lang und sich ihnen ehrlich zu stellen, ist unangenehm. Denn im Beantworten erkenne ich mich selbst. Im Beantworten beginne ich, mich zu verändern.

Als Zweites werde ich ganz praktisch ein wenig üben müssen. Bei jeder sich ergebenden Begegnung mit einem Menschen, der mir nicht auf Anhieb sympathisch ist, werde ich mich bemühen, mich auf einen Aspekt zu konzentrieren, auf eine Qualität des anderen, die ich bewundere, die mir gefällt. Das ist ein langwieriger Prozess, der nicht den anderen, wohl aber mich verändert. Und drittens werde ich immer wieder Gott bitten, mir doch seinen Blick zu schenken, und versuche dann, den anderen Menschen und dessen Schönheit mit seinen Augen zu betrachten.

Eine Wunderbrille wäre weit weniger anstrengend, aber es gibt nur diesen Weg zu mir selbst. Den anderen werde und muss ich nicht ändern – aber ich selbst darf mich verwandeln, darf freier, großzügiger, gelassener, dankbarer werden. Das ist eine Lebensaufgabe, aber sie wird uns heilen, beschenken und glücklicher machen.

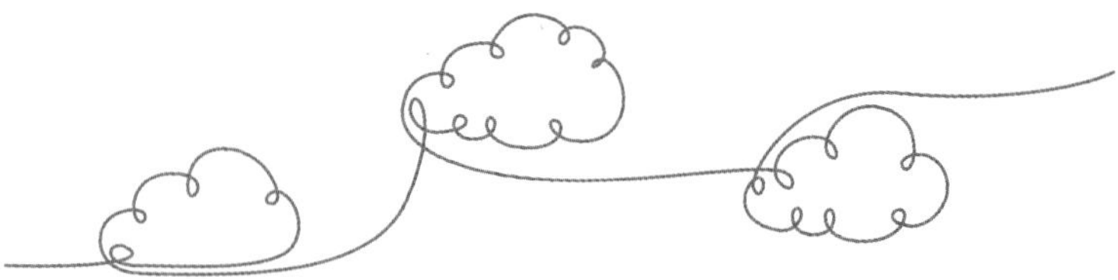

36 Maisbrei

Als die fünfjährige Ncasho zum ersten Mal in die Kindertagesstätte in Mariannhill/Südafrika kam, war sie ausgehungert. Ihre Mutter war an AIDS gestorben, und die Großmutter versuchte, Ncasho und ihre vier älteren Geschwister mehr schlecht als recht durchs Leben zu bringen.

Am ersten Tag im Kinderzentrum formte Ncasho aus einer Scheibe des typischen südafrikanischen Toastbrots einen Knödel und steckte ihn als Ganzes in den Mund. Mit dicken Backen formten ihre Hände bereits den nächsten. An diesem Tag verschlang Ncasho bereits zum Frühstück sieben solcher Knödel. Sie aß um ihr Leben.

Vierzehn Tage später erwischte ich sie dabei, wie sie heimlich die Marmelade von den vorbereiteten Brotscheiben abschleckte und das Brot danach wieder fein säuberlich auf die Teller zurücklegte. Der größte Hunger war gestillt, jetzt genoss Ncasho die Feinheiten.

Sie begann, das Leben wieder zu entdecken. Egal, was sie machte, sie war mit ganzer Kraft und Energie dabei: beim Spiel, beim Lernen, beim Bewässern des Gartens. Bereits mit fünf Jahren wusste Ncasho, dass selbst die kleinsten Dinge im Leben nicht selbstverständlich waren. Deshalb lebte sie in der ständigen

Bejahung dessen, was der Moment brachte: einen Teller Maisbrei, ein Spiel, ein Bad in der Wasserschüssel. Was man ihr auch anbot, sie strahlte.

Von Ncasho habe ich gelernt, was es heißt, das Leben mit Begeisterung zu leben, jeden Augenblick zu genießen. Ncasho hat mir vorgelebt, was es heißt, nicht bloß „Danke" zu sagen, sondern wirklich dankbar zu sein. Dafür braucht es nicht viel – manchmal nur einen Löffel Maisbrei.

37 Gechippt

Am Anfang der Rehamaßnahme bekomme ich an der Rezeption eine Chip-Uhr in leuchtendem Grün. Ich solle sie durchgehend tragen, wird mir gesagt. Sie öffne mir unter anderem die Tür zu meinem Zimmer, und wenn ich sie verlieren sollte, müsse ich 80 Euro zahlen. Ich binde mir das Teil ums Handgelenk und bin froh, dass alle anderen mit denselben quietschfarbenen Dingern herumlaufen. Wenn ich mit der beim Spazierengehen umfalle, findet man mich sogar im Dunkeln, denke ich, so sehr leuchtet das Teil, und wenn ich mich verirre, weiß jeder, der mich findet, wo man mich wieder abgeben kann. So ein wenig wie im Einkaufszentrum, wenn es heißt, dass der kleine Jonas von der Mama im Bällebad abgeholt werden könne. Meiner kleinen Nichte würde das quietschgrüne Teil sicher gut gefallen – sie mag alles, was strahlt und blinkt. Ein bisschen fühle ich mich wie ein Kind – eine dezentere Farbe hätte es vielleicht auch getan. Immerhin eröffnet mir dieser Chip unendlich viele Türen, und das ganz ohne lästige Schlüsselsuche. Und er zeigt an, wohin ich gehöre. Für die Zeit der Reha gehöre ich zu der Gruppe der anderen quietschgrün gechippten Mitpatienten, ob ich will oder nicht. Und ich lasse mich ein auf den vorgegebenen Tagesablauf, auf die Therapien, auf das Zusammensein mit Menschen, die ich mir nicht selbst ausgesucht habe, auf manche Pflichttermine, auf Therapeuten, die mich liebevoll anleiten, und auf einen Prozess, der mich heilen soll, mir wieder Kraft geben soll, mich körperlich und psychisch aufbauen soll. Die Strukturen der Reha scheinen anfangs etwas rigide. Es gibt Regeln, an die man sich halten muss, die die anderen Mitpatienten schützen, aber auch mir guttun, ohne uns, wie meine quietschgrün gechippte Tischnachbarin am ersten Tag befürchtete, unserer Freiheit zu berauben. Ich werde innerhalb dieser Ordnung voll und ganz akzeptiert, mit meinem persönlichen Weg, meinen speziellen Bedürfnissen, meinen Charaktereigenschaften, meinen Wünschen. Mein Therapieplan ist individuell auf mich abgestimmt.

Irgendwie erinnert mich die Chip-Uhr an meine Firmung. Nein, nicht wegen der Uhr, die ich damals geschenkt bekam. Aber bin ich an Taufe und Firmung nicht auch gewissermaßen „gechippt" worden mit der Gabe des Heiligen Geistes und gehöre seitdem zu dieser Kirche?

Ja, ich gebe es zu: Dieser Gedanke fällt mir nicht immer leicht. Da gibt es Regeln und Strukturen, die ich mehr als hinterfrage, es gibt Menschen in dieser Kirche, deren Meinungen mich in den Wahnsinn treiben, es gibt Personen, deren Verhalten ich überhaupt nicht verstehe ... aber all das vermindert nicht meine eigene Glaubensfreiheit. Ich gehöre dazu. Ich bin Teil dieser Kirche, ich rede mit, ich kämpfe für Veränderung, und ich erfahre auch die Vorteile, die diese Mitgliedschaft mit sich bringt. Ich bin nicht allein. Ich darf meinen Glauben weltweit mit anderen leben, wir teilen gemeinsame Werte, und wenn es einmal nicht so ist, dann ringen wir darum. Es gibt Menschen, die mich mit heilender Kraft umgeben, deren Dasein mir guttut, deren Vorbild mir Sinn und Kraft gibt.

*Im Tiefsten bin ich gehalten von Gottes Zusage an mich:
Du gehörst zu mir. Er ist da. Er ist für mich da. In jeder Lebenssituation. Er hat mir seinen Geist, seine Zusage gegeben. Wenn ich verloren gehen sollte, findet er mich wieder.
Ich bin – in großer Freiheit– an ihn gebunden. Der Fingerabdruck, den Gott bei Taufe und Firmung auf meiner Stirn hinterlassen hat, ist auch der Schlüssel zur Auferstehung.*

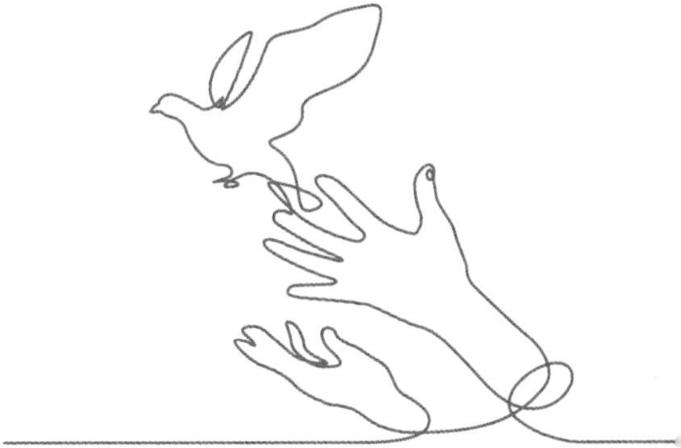

Fingerabdruck Gottes

Der Fingerabdruck,
gespeicherte DNA,
einzigartige Lebensspur,
Gottes DNA in meinem Leben.
Gott hinterließ seinen Fingerabdruck
auf meiner Stirn,
als das Wasser der Taufe mich hineinholte in seine Kindschaft.
Seine DNA ist Gemeinschaft.
Er drückte seinen Fingerabdruck
auf meine Stirn,
als sein Geist mich hineinholte in seine Nachfolge.
Seine DNA ist Begeisterung.
Er wird seinen Fingerabdruck
auf meine Stirn schreiben,
wenn er selbst mich hineinholen wird in seine Nähe,
wenn er mich hineinruft in seine Erlösung,
wenn er mich wandelt in sein Bild,
und wenn ich lebe in seiner Fülle.
Seine DNA ist Auferstehung!

38 Mut zur Farbe

Erinnern Sie sich noch an die Malbücher Ihrer Kindheit? Darin gab es die unterschiedlichsten Bilder zum Ausmalen. Als kleine Kinder haben wir kreuz und quer über die Motive gekritzelt, als wir älter wurden, betrachteten wir es als Herausforderung, nicht über die Linien zu malen, später erkannten wir, dass wir durch die Auswahl der Farben, das Ausschmücken von Details und der unterschiedlichen Stärke, mit der wir den Buntstift aufs Papier setzten, dem Bild Leben und Tiefe geben konnten.

Die Malbücher unserer Kindheit erinnern mich an unser Glaubensleben. Anfangs reichte es, dass Gott uns liebt, und wir glaubten bedingungslos. Gott kann und darf alles. Später, im Schulalter, lehrt man uns, dass es wichtig ist, in den vorgegebenen Konturen des Motivs zu bleiben. Übertragen auf unseren Glauben verliert dieser damit oft ein Stück Freiheit und kindliches Vertrauen. Manche Menschen bleiben in diesem Stadium stecken. Sie setzen Glauben mit dem Einhalten von Regeln und Vorschriften gleich, beweisen „Linientreue". Oft verdorrt der Glaube dieser Menschen.

Die Kunst besteht darin, mein Glaubensleben trotz der vorgegebenen Linien weiterzuentwickeln, zu erlauben, dass Gott in meinem Leben kreativ wirkt, dass er mein Leben und meinen Glauben bunt und facettenreich gestaltet. Ich selbst bin eingeladen, Akzente zu setzen, mir mein Leben in den Farben des Glaubens auszumalen. Manche Menschen scheinen in einer schwarz-weißen Bleistiftzeichnung zu leben. Alles in Grau und nur an Weihnachten, Ostern, bei einer Taufe oder Hochzeit wird ein Farbtupfer gesetzt. Ansonsten aber bleibt das Bild trist und leblos.

Mein Glaubensleben bunt zu gestalten, erfordert Mühe. Ich muss mich mit den Inhalten des Glaubens auseinandersetzen, muss lesen, fragen, zweifeln. Die Bibel, Heiligenlegenden, aber auch literarische Texte, Prosa und Gedichte, Musikstücke und Kunstwerke können eine Inspiration sein. Aber vor allen Dingen auch Gespräche und Diskussionen mit Menschen, die meinen Glauben hinterfragen, die anders denken und glauben als ich, die ebenfalls suchen. Menschen, die geradezu durch ihr Andersdenken und -glauben neue Farbe in meinen Glauben bringen. Die durch ihre Denkweise meine Farben intensivieren oder meinem Glauben neue Farbnuancen hinzufügen. Menschen, die mich notfalls dazu herausfordern, auch einmal über den Rand zu malen, vielleicht auch die eine oder andere Farbe neu zu mischen, sprich: neu und verändert zu glauben. Mein Leben bunt zu gestalten, lockt mich aus meiner Komfortzone, aus der Sicherheit meiner eigenen vier Wände. Glaube wächst am Austausch mit anderen, am Leben in der Gemeinschaft, am Dialog und gemeinsamen Gebet. Er erfordert Zeit. Ich muss mir Zeit nehmen für Gott, Zeit, um regelmäßig mit ihm in Kontakt zu treten.

Um mein Glaubensleben bunt zu gestalten, braucht es Mut. Den Mut, offen zu sein für Gott, der sich oft ganz anders zeigt, als ich es erwarte. Den Mut, zuzulassen, dass Gott kreativ in mein Planen eingreift. Den Mut, mich mit all meinem Suchen, meinen Zweifeln, meinen Ängsten und Sorgen auf ihn einzulassen, meine Begrenzungen für ihn loszulassen.

39 Entwirrt

Bei uns zu Hause gab es einen Wollkorb. Darin lagen die Wollreste, die man vielleicht noch einmal brauchen konnte, fein säuberlich aufgewickelt zu kleinen Knäueln. Dann kamen die Schul- und Kindergartenprojekte und es hieß: „Bringt Wolle mit." Da griff jedes Kind in den Korb, schnitt sich hie und da etwas ab, zog mal am einen, dann am anderen Faden, und nach ein paar Monaten hatte sich die Wolle im Korb total verheddert. Das Chaos war perfekt.

Eines Abends setzte sich die Mutter an den Tisch und versuchte, die Wolle zu entwirren. Die älteren der Kinder mussten mithelfen. Es war eine mühevolle Arbeit. Die Fäden hatten sich ineinander verschlungen, verknotet, manchmal hätte man lieber die Schere genommen, doch die Mutter bestand darauf: Das wird entwirrt und keinesfalls durchgeschnitten oder einfach weggeschmissen.

In der Kirche St. Peter in Perlach bei Augsburg findet man auf einem Bild aus dem 17. Jahrhundert Maria als Knotenlöserin. Eine neuere Ikone von Alfred Rebhan zeigt Christus, sitzend auf dem Schoß Marias, wie er die Knoten eines Seils löst. Die Botschaft ist klar: Das Verwirrte, Verknotete, In-sich-Verhedderte unseres Lebens dürfen und sollen wir zu Christus, zu Maria bringen. Durch sein Kreuz, seinen Tod und seine Auferstehung hat er sich zum großen Knotenlöser der Welt gemacht, zum Knotenlöser meines Lebens.

Und wie die Mutter schneidet er nicht einfach ab. Alles ist gut, alles darf sein, alles wird noch gebraucht, auch das ursprünglich Verwirrte in mir.

Christus löst! Er weiß die Lösung.
Und weil er die Knoten unseres Lebens löst,
sind wir Erlöste. Schon heute, jetzt und hier leben
wir ganz aus seiner Erlösung.

40 Übervoll 

Aus einer Predigt des Heiligen Bernhard von Clairvaux ist die folgende Aussage überliefert:

Du, Mensch,
du brauchst keine Meere zu überqueren,
keine Wolken zu durchdringen
oder die Alpen zu überschreiten.
Du brauchst keinen weiten Weg zu machen, sage ich dir.
Geh deinem Gott entgegen
bis zu dir selbst.

Meinem Gott entgegengehen bis zu mir selbst … Ich stimme Bernhard von Clairvaux zu. Es gibt wohl kein größeres Abenteuer und Unterfangen im Leben eines Menschen, nichts, was spannender, schwieriger und zugleich erfüllender wäre. Und sind wir nicht alle von dieser Sehnsucht bewegt?

Das Fasten ist neben dem Schweigen und dem Gebet ein tradierter Weg zu meinem Gott und zu mir selbst.

Eine alte Zen-Geschichte erzählt von einem Gast, der den Meister aufsuchte, um zu erfahren, wie er Gott in seinem Leben finden könnte. Aber anstatt zuzuhören, redete der Besucher immerzu über seine eigenen Belange und Ansichten. Nach einer Weile servierte der Meister Tee. Dabei goss er so lange ein, bis die Tasse des Besuchers bis zum Rand gefüllt war und schließlich überlief. Da sagte der Besucher: „Siehst du denn nicht, dass meine Tasse übervoll ist? Es geht unmöglich noch mehr hinein." – „Sehr richtig", sagte der Meister und hörte mit dem Einschenken auf. „Genauso wie diese Tasse bist auch du voll von deinen eigenen Gedanken, Plänen, Ideen, Erwartungen und Bildern. Wie kannst du von mir erwarten, dass ich dich lehre, Gott zu finden, wenn du nicht vorher deine Tasse leerst?"

Fasten ist ein Vorgang, bei dem wir unsere Tassen leeren. Durch den Verzicht auf übermäßige Nahrung, übermäßige Aktivität, übermäßiges Reden, durch den Verzicht auf die Schmeicheleien des Alltags entsteht ein Leerraum, ein Freiraum in uns. Diesen Leerraum auszuhalten, ist nicht immer leicht.

Fasten ist kein Schnellrezept zu innerer Ruhe und Ausgeglichenheit. Wer fastet, lässt sich ein auf einen tief wirkenden Prozess, einen Prozess der Reinigung, nicht nur des Körpers, sondern vor allen Dingen der Seele. Dieser Vorgang ist mit Spannung verbunden, die uns hilft, Ungeordnetes in uns zu erkennen und in Ordnung zu bringen, Abgelagertes und Hinderliches zu entfernen und Raum zu schaffen für Neues in uns, damit wir verwandelt werden. Fasten ist ein Weg in die innere Freiheit. Wir gewinnen eine neue Sichtweise, eine neue Aufmerksamkeit für die Dinge in uns, unserem Körper, unserer Seele, unserem Leben und Alltag.

Wer fastet, wird zumeist dünner, damit meinen wir aber nicht nur den Körper, sondern insbesondere auch die Seele. Sie wird dünnhäutiger, hellhöriger, achtsamer – im Hinblick auf unsere eigene persönliche Wahrheit, unsere Stärken und Schwächen, die Gegenwart und das Wirken Gottes in unserem Leben. Und wir begegnen unserem Mitmenschen mit mehr Achtsamkeit, schärfen unser Bewusstsein für sein Leben, seine Bedürfnisse, seine Sorgen.

Wirkliches Fasten öffnet mich für den anderen. In einer Welt, in der viele Menschen gar nicht die Möglichkeit haben, sich frei für einen Nahrungsverzicht zu entscheiden, weil sie unter akutem Hunger leiden, in einer Zeit, in der der Großteil der Menschheit ums blanke Überleben kämpfen muss, darf unser Fasten nicht verkommen zu einer Wellnessübung. Wer wirklich fastet, der teilt, der wird solidarisch, der übernimmt Verantwortung für die Not in der Welt.

Richtiges Fasten heißt: Geh deinem Gott entgegen bis zu dir selbst und bis zum anderen. Dann wirst du erfahren, was es heißt, leer zu werden, damit du beschenkt wirst.

41 Silvesterkracher

Jedes Jahr vor Silvester gibt es dieselbe Diskussion: Silvesterfeuerwerk ja oder nein? Trotz Klimakrise, trotz wirtschaftlicher Rezession, trotz Krieg werden weltweit Milliarden für Silvesterfeuerwerke verballert. Und jedes Jahr wandern meine Gedanken zurück zu der Zeit, als ich in einem Missionskrankenhaus in Südafrika lebte. Auf den Hügeln rings um das Krankenhaus wohnten Menschen in Lehm- und Wellblechhütten. Nur wenige konnten sich ein Steinhaus leisten. Die meisten Menschen lebten von minimalen staatlichen Zuwendungen, vom Gehalt oder der Pension eines einzelnen Familienmitglieds. Armut, Arbeitslosigkeit, die gravierende HIV-Epidemie bestimmten ihren Alltag. Nur wenige schafften es, sich aus dieser Situation zu befreien. Und doch wurden an Silvester massenhaft Feuerwerke gezündet. Rund um uns auf den Hügeln explodierte es, während ich mit der diensthabenden Krankenschwester in der Tür der Notaufnahme stand und mir das farbenprächtige Schauspiel ansah und auf den Ansturm der Verletzten auf die Notaufnahme wartete. Verbrannte Finger, Hände, Arme und Beine, manchmal, wenn die billige Polyesterkleidung Feuer fing, auch größte Brandwunden. Die Nacht würde lang werden. Mich beschäftigte wie jedes Jahr die Frage: Warum? Warum wird das letzte Geld für unnötige und gefährliche

Böller statt für Sinnvolles ausgegeben? „Sie feiern, dass sie leben, dass sie heute leben", lautete die Antwort der Krankenschwester, „und sie schießen all ihre Hoffnungen und Träume für die Zukunft in den Himmel. Damit das neue Jahr vielleicht ein besseres wird."

Ich schaute den gezündeten Raketen nach, wie sie entzündet die Hoffnungen in die Luft trugen und dann erloschen. Ein kurzes, intensives Schauspiel. Ein Funke Hoffnung. Und ich verstand: Es braucht diese Freude am Leben, es braucht diese Hoffnung.

Zwanzig Jahre später schaue ich mir das Silvesterfeuerwerk in Europa mit genauso gespaltenen Gefühlen an. Ich frage mich, wie viele Hoffnungen und Erwartungen auch hier mit im Spiel sind. Und ich hinterfrage mich selber: Welche Situationen, welche Begegnungen, welche Ereignisse, welche Menschen entzünden in mir ein Gefühl der Hoffnung? Keine flüchtige, schnell erloschene Hoffnung, sondern eine tiefgründige, die mir Kraft gibt. Deren Energie nicht verpufft, verglüht, sondern die Energie freisetzt, den Schwierigkeiten im Leben zu begegnen.

Diese Hoffnung wächst mir zu, nicht mit lautem Knall, sondern oftmals leise und unscheinbar, im Gespräch mit einem guten Freund, im Lächeln einer Mitpatientin auf dem Krankenhausflur, im Lauschen auf das Rauschen der Blätter, wenn ich unter dem Baum liege, in der Stille des Gebets, wenn ich mich aufgehoben und angenommen weiß. Hoffnung und Zuversicht zu haben, ist eine große Stärke. Man kann sie auf unterschiedliche Weise zum Ausdruck bringen.

42 Neue Normalität

An dem Tag, an dem ich meine Gleitsichtbrille bekam, stapfte ich vorsichtig durch das Brillengeschäft. „Es wäre gut, wenn Sie sie gleich aufbehalten. Da gewöhnen Sie sich am besten daran", strahlte mich der Optiker an. Ich drehte den Kopf und versuchte, ihn in den Fokus zu nehmen. „Es dauert ein wenig. Ihre Augen und Ihr Gehirn müssen sich neu koordinieren, aber Sie werden die Vorteile bald zu schätzen wissen." – „Dann mal los", dachte ich mir, als ich frisch bebrillt über die Türschwelle des Ladens in die Fußgängerzone stolperte. Ich stakste unsicher Richtung Parkplatz, zum Autofahren setzte ich sie vorsichtshalber ab. Aber dann war ich eisern, die Brille blieb auf der Nase, und der Optiker behielt recht. Nach ein paar Tagen spürte ich sie nicht einmal mehr und begann, ihre Vorteile zu genießen. Auch an mein neues Gesicht mit Brille gewöhnte ich mich. Die Brille gehörte jetzt zu mir, sie wurde zur Normalität.

Einige Jahre später warf mich die Diagnose einer lebensbedrohlichen und fortschreitenden Krankheit aus der Normalität. Nichts schien wie früher, mein gewohnter Alltag wurde ersetzt durch unangenehme Therapien und Krankenhausaufenthalte. Ich stakste und stolperte durch mein verändertes Leben, ängstlich und hilflos. Freunde versuchten, mich zu stützen, indem sie mir vor Augen hielten, was wir Schönes machen würden, wenn alles wieder „normal" sei. „Was ist normal?", fragte ich mich. War nicht diese Situation jetzt die neue Normalität?

Jeder Mensch, dessen Leben von einer Krise erschüttert wird, muss sich wohl oder übel mit diesem neuen „normal" auseinandersetzen. Nichts ist mehr wie vorher, und es braucht Zeit, bis sich Geist, Seele und Körper an die neuen Gegebenheiten gewöhnt haben. Wie bei der Gleitsichtbrille – wenn auch auf einer ganz anderen Ebene – gilt es, sich der Situation zu stellen. Weglaufen geht nicht. Es beginnt ein oft schmerzhafter Lernprozess, begleitet von Gefühlen der Hilflosigkeit, Trauer und Wut. Wie bei der Brille aber lohnt es sich, genauer hinzuschauen – so anstrengend es auch sein mag – und zu erkennen: Das Gewohnte ist zerbrechlich, ist kostbar, kann sich von heute auf morgen verändern oder verschwinden. Das gilt für die Fernsicht in die berufliche oder private Zukunft ebenso wie für das Sehen im Nahbereich, im Alltag – für die Kaffeepause mit den Kollegen, das abendliche Butterbrot oder den sonntäglichen Familienausflug. Normal, selbstverständlich ist nichts. All diese Momente sind einzigartig und kostbar, sind geschenkte Augenblicke.

Wenn es mir gelingt, mit meiner inneren Brille auf mein verändertes „normal" zu schauen, steigen in mir Staunen und Dankbarkeit auf. Dankbarkeit für das Geheimnis des Lebens, das so wechselhaft, überraschend und wertvoll ist.

43 Knospen

„Den Löffel abgeben", lautet eine umgangssprachliche Umschreibung für das Sterben. Die Formulierung fußt auf dem Gedanken, zusammen mit dem Nahrung spendenden Essgerät das eigene Leben aus der Hand geben zu müssen. Trotzdem bedrückt mich dieses negative Bild vom Sterben. Wie anders dagegen der Ausruf des heiligen Wolfgang im Moment seines Todes: „Öffnet die Tore!" Während „den Löffel abgeben" den diesseitigen Vorgang des Abgebens, Ablebens betont, eröffnet uns der Ruf des heiligen Wolfgang die Dimension der Verheißung, die uns beschert ist: Das Sterben wird begriffen als ein Durchgang zum ewigen, erfüllten Leben in der Gegenwart Gottes, das uns Jesus durch seinen Tod und seine Auferstehung unwiderruflich geschenkt hat. Auch uns stellt sich die Frage: Was heißt Sterben für mich? Was wird sein nach meinem Tod? Darauf gibt es wohl so viele Antworten, wie es Menschen gibt. Jede und jeder hat, geprägt von Kultur, Religion, persönlichen Erfahrungen und Gesprächen, seinen eigenen Zugang zu diesem Thema. Ich glaube fest daran, dass die Frage nach dem eigenen Sterben und dem eigenen Tod eine der wesentlichsten Fragen des Menschen ist, denn sie bestimmt, wie wir leben. Interessanterweise verändert und aktualisiert sich unsere Antwort darauf unter dem Einfluss von Ereignissen und Begegnungen immer wieder. Ganz für sich klären kann man die Frage nach dem eigenen Sterben und dem eigenen Tod wahrscheinlich nie. Mir hilft dabei aber seit Jahren ein Gedicht von Hilde Domin, das ich sehr liebe.

Es knospt

Es knospt
unter den Blättern
das nennen sie Herbst.

Wenn im Herbst die Blätter fallen, dann sind in den Pflanzen bereits die Knospen für das Neue, ist der Frühling schon angelegt.

Sterben geschieht schrittweise. Wir sterben jeden Tag ein bisschen. Oft müssen wir Menschen und Dinge, Möglichkeiten und Gewohnheiten unwiderruflich loslassen. Aber zugleich keimt Neues, Unerwartetes auf.

Und am Ende des Lebens? Ich glaube fest, dass ich nicht „den Löffel abgebe", sondern dass ich das Alte abwerfe und noch einmal neu beginne, wenn ich eingehe in Gottes Verheißung, in seine ewige liebende Gegenwart.

44 Schutzengel

In morgendlicher Routine nahm ich den Autoschlüssel und stieg in den Wagen. „Fahr nicht schneller, als dein Schutzengel fliegen kann!", lautete ein Spruch, der vor Jahren auf vielen Autos klebte. Als ich mir auf der Autobahn ein Wettrennen mit meinem Schutzengel lieferte, hörte ich im Radio, wie ein Fahrzeughersteller eine Rückrufaktion ausrief. Bei bestimmten Modellen bestünde die Gefahr, dass das Gaspedal in durchgetretener Position festklemme. Man würde also andauernd beschleunigen. Diese Nachricht erwischte mich eiskalt. Mein Schutzengel gewann, und mir wurde schlagartig bewusst: Rückrufaktion – genau darum geht es, auch in meinem Leben. Ich lebe doch oft selbst, als hätte ich ein eingeklemmtes Gaspedal: immer schneller, immer weiter, immer mehr.

Das geschieht oft so unüberlegt und automatisch wie das Drehen oder Drücken des Zündschlüssels. Dabei tut mir das doch gar nicht gut. Mir nicht und den anderen auch nicht. Um ein besserer Mitmensch zu werden, muss ich mich immer wieder zurückholen, zurückrufen lassen zu dem, was wichtig ist, was mein Leben ausmacht, zu meinem innersten Kern.

Gott lädt mich ein, zu ihm, meinem „Hersteller", zurückzukehren. Er will nicht, dass ich immer schneller, immer besser werde, sondern wesentlicher, immer mehr zu derjenigen, als die er mich erdacht und ins Leben gerufen hat. Dazu braucht es Langsamkeit, Ruhe und Achtsamkeit, gerade auch in den automatisierten Abläufen meines Lebens. Seitdem ich das erkannt habe, verstehe ich mich auch mit meinem Schutzengel wieder besser.

45 In Sand geschrieben

Jemand hat mich gekränkt, beleidigt, mir Unrecht getan. Ehrlich gesagt, meißele ich mir die Fehler, die Schuld der anderen ganz gern ins Gedächtnis. Die vergesse ich nicht so leicht, im Gegenteil, ich merke mir jedes Detail, füge vielleicht noch böse Gedanken hinzu, es entsteht negative Energie. Dabei registriere ich nicht, wie sehr ich mich selber zum Opfer mache, mich selber verwickle in einen Wust verletzender Gedanken und Gefühle. Sie gewinnen Raum in mir und beginnen oft, ein Eigenleben zu entwickeln.

Nepsis, so nannten die griechischen Mönchsväter und nennt die orthodoxe christliche Theologie bis heute die Wachsamkeit über die eigenen Gedanken. Gemeint ist damit, dass man seine Gedanken achtsam wahrnimmt, sie bis zu ihrem Ursprung zurückverfolgt und sich bewusst macht, welche Empfindungen diese Fantasien auslösen können. Nepsis gilt als eine Tugend, mit deren Hilfe es gelingt, negative Energie zu erkennen und sich aktiv gegen sie zu stellen, ihr nicht zu erlauben, Macht auszuüben. Das Gift negativer Gedanken soll daran gehindert werden, tiefer und tiefer in Geist und Seele eines Menschen einzusinken und dort Unheil anzurichten. Stattdessen soll der Mensch wieder frei werden für das Gute, frei für Gottes Wirken, frei für Gottes Barmherzigkeit. Konkret bedeutet das für mich:

Anstatt mir krampfhaft meine Verletzungen ins Gedächtnis zu rufen, könnte ich sie wie mit einem dünnen Bleistift in meine Erinnerung einschreiben. Notieren, Notiz nehmen, aber nicht ewig festhalten, sondern ihnen die Chance geben, zu verblassen oder eventuell auch ausradiert zu werden. Das würde nicht nur den anderen, sondern vor allem mir selbst guttun.

Übrigens wird nur an einer einzigen Bibelstelle, im Johannesevangelium, davon berichtet, dass Jesus geschrieben hat: bei seiner Begegnung mit der Ehebrecherin. In dieser Situation schrieb er nicht mit einem Stift auf Pergament, nicht mit einem Meißel in den Stein, sondern mit dem Finger auf die Erde, in den Sand. Was genau er da geschrieben hat, wissen wir nicht, der Sand konnte es nicht festhalten. Überliefert aber ist der Satz Jesu an die Pharisäer, die die Frau töten wollten: „Wer ohne Sünde ist, der werfe den ersten Stein!"

Gottes Barmherzigkeit ist unauslöschlich in unser Leben eingeschrieben.

46 Freiheit

„Gib mir die Freiheit deiner gebundenen Hände", so lautete die wiederkehrende Zeile eines Gebetes von Bischof Klaus Hemmerle. Schwer an Krebs erkrankt, erfuhr er an der Grenze zwischen Leben und Tod die Hilflosigkeit, Angst und zunehmende Unfähigkeit, sein Leben selbst in der Hand zu haben. Ihm waren die Hände gebunden wie die von Jesus, als er vor Pilatus stand.

Und wie Jesus betete er und bewahrte sich so eine innere Freiheit, die aus dem Vertrauen erwuchs, dass sein Leben und Leiden in einem göttlichen Plan gehalten war, dass sein Leben schon längst von einer größeren Hand aufgefangen worden war.

Ich glaube, dass Pilatus bei seiner Begegnung mit Jesus spürte, dass die innere Freiheit und das Vertrauen Jesu dessen menschliche Fesseln bereits überwunden hatte. Manche Knoten lassen sich nicht mehr lösen. Fest haben sich die Stricke ineinandergeschlungen, sie scheinen untrennbar, miteinander verwachsen. Die Karwoche führt mich in eine solche Verknotung zwischen Gott und Mensch.

Der Priester Maximilian Kolbe hatte den Mut, beim Rapport im Konzentrationslager Auschwitz nach vorne zu treten und sein Leben der SS anzubieten, um so einen polnischen Familienvater vor dem Tod zu bewahren. Die Tat und das Zeugnis Maximilian Kolbes, seine absolute Hingabe und Selbstlosigkeit haben mich immer bewegt. Ebenso aber beschäftigt mich die Frage nach dem Familienvater. Wie gelang es ihm, weiterzuleben in dem Wissen, dass ein anderer für ihn gestorben war? Er stand in der Schuld Maximilian Kolbes, er verdankte ihm sein Leben. Wie viel Dankbarkeit und Demut muss da in ihm gewesen sein, wie mag sich seine Haltung zum Leben geändert haben? Wie oft wird er wohl in einen inneren Dialog mit dem Verstorbenen getreten sein? Diese beiden Männer waren für immer miteinander verbunden.

Wenn ich mir vorstelle, jemand gibt sein Leben für mich, stirbt für mich, sodass ich weiterleben, Hoffnung und Zukunft haben darf. Wie geht es mir bei diesem Gedanken?

Jesus hat sein Leben aus Liebe zu uns gegeben. Er ist am Kreuz gestorben, damit wir nie mehr wirklich sterben, sondern das ewige Leben haben. Wie kann ich mit diesem Wissen weiterleben? Wie verändert es mich und meine Beziehung zu ihm? Sein Leben ist unmittelbar mit dem unseren verknüpft. Seine Auferstehung, seine Gegenwart sind unauflöslich an mein Leben gebunden.

47 Zeit zum Singen

Uraltes Liebeslied,
Lied aller Lieder, das Hohelied,
Weisheit des Ersten Testaments.
Liebeslied zwischen dem Geliebten
und der Geliebten,
Lied aller Lieder
zwischen Gott und Mensch:

Mein Geliebter spricht zu mir:
Mach dich auf, meine Freundin,
meine Schöne, so komm doch!
Denn sieh, der Winter ist vorüber,
der Regen ist ganz und gar vorbei.
Die Blumen erscheinen im Land,
die Zeit zum Singen ist da.
Am Feigenbaum reift die erste
Frucht, und die Reben knospen und
duften.
Mach dich auf, meine Freundin,
meine Schöne, so komm doch!

Meine Taube in den Felsklüften,
im Versteck der Klippe,
lass mich dich sehen,
lass mich hören deine Stimme!

Seit dem ersten Ostern
bekommen alte Lieder neuen Klang,
das alte Liebeslied findet seine Erfüllung.

Mach dich auf, meine Freundin!
Auch du und ich, wir sind gemeint.
Seit dem ersten Ostern
hören auch wir die Stimme des Geliebten:
Mach dich auf! Seit dem ersten Ostern
sind auch wir schon jetzt
für ewig aufgenommen in seine Liebe.

Die Zeit zum Singen ist da! Halleluja!

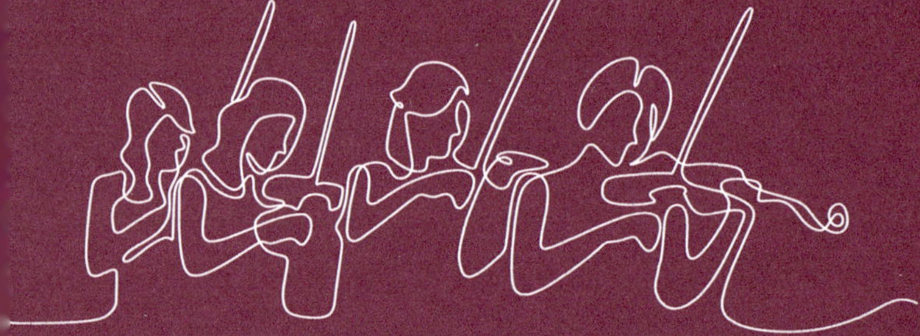